墨香财经学术文库

"十二五"辽宁省重点图书出版规划项目

U0674912

Study of Chinese Government Expenditure on Cultural Undertaking

我国文化事业财政投入研究

赵 颖◎著

东北财经大学出版社

Dongbei University of Finance & Economics Press

大连

图书在版编目（CIP）数据

我国文化事业财政投入研究 / 赵颖著. 一大连：东北财经大学出版社，2016.7
（墨香财经学术文库）
ISBN 978-7-5654-2316-1

Ⅰ．我…　Ⅱ．赵…　Ⅲ．文化事业-财政支出-研究-中国　Ⅳ．G12

中国版本图书馆CIP数据核字（2016）第116075号

东北财经大学出版社出版发行

　大连市黑石礁尖山街217号　邮政编码　116025

　　网　　址：http：//www．dufep．cn

　　读者信箱：dufep @ dufe．edu．cn

大连图腾彩色印刷有限公司印刷

幅面尺寸：170mm×240mm　字数：177千字　印张：12.5　插页：1
2016年7月第1版　　2016年7月第1次印刷
责任编辑：时　博　王　斌　　责任校对：那　欣
封面设计：冀贵收　　　　　　　版式设计：钟福建
定价：38.00元

前言

　　一个社会的发展需要精神的支撑，文化便是它的内核。根据发达国家的经验，当人均 GDP 达到 3 000 美元的时候，居民消费结构开始变化，精神文化需求会大幅增加。我国人均 GDP 早已超过 3 000 美元，目前已经突破 5 000 美元大关，种种迹象表明，我国居民的文化消费动力已经开始显现，发展文化事业是适应消费需求变化的历史选择。本书研究的文化事业，是指通过政府的财政资金兴办的、非营利性的，从事文化研究创作、文化产品生产和文化公共服务的文化活动。居民的文化需求中，一部分被确认为基本的公共性文化需求，这些文化需求的满足通常由文化事业来完成。因此，从这个意义上说，文化事业具有民生意义。在公共财政框架下，在基本公共服务均等化的原则下，公共文化服务成为当下我国文化事业向社会提供的主要服务内容，即保证全体社会成员享受到基本的精神文化产品和服务，保障全体社会成员最基本的文化权益，由政府文化事业提供免费或优惠的文化产品和服务。

　　文化事业是典型的中国特色术语。新中国成立伊始，中国的制度设计秉持的是苏联模式，理论指针是阶级斗争思想，文化被当作意识形态斗争工具，完全由国家办、国家管。在这样的制度背景下，有了文化事业，并且也只有文化事业，根本不存在营利性的、遵循市场规律的文化产业。改革开放以后，文化市场逐渐成长壮大，中国才有了文化产业。中国的文化产业总体来源于两股源流：一是新生于文化市场的文化产业；二是脱胎于文化事业的文化产业。当下的我国，文化事业将大部分文化职能让位于文化产业，财政不再需要大包大揽，这个过程目前还远没有结束。同时，政府重新进行职能定位，明确其新的职能范围为公益性文化事业，财政保证这些公益性文化事业的资金投入。从这个意义上说，研究我国文化事业财政投入是一个极为有意义的课题。

从国际视角考察，一国的文化软实力越来越成为国际竞争的重要途径。"软实力"的概念是美国哈佛大学教授约瑟夫·奈在 20 世纪 90 年代初提出的，指一国文化被普遍认同的程度。他指出，一个国家有"硬实力"和"软实力"，前者包括诸如基本资源（如土地面积、人口、自然资源等）、军事力量、经济力量和科技力量等；后者则体现为国家的"吸引力"和"效仿力"，可以超越时空，产生巨大的影响力。他认为，美国在几十年中利用"软实力"成功地获得了很大的国际影响力，但后来越来越多地使用"硬实力"，影响力反倒日趋式微。奈的观点一经问世便迅速成为理论界和民间共同认可的战略决策依据。从这个意义上说，文化事业具有一定的国家战略意义，因为，文化事业对打造一国的文化"软实力"有着非常重要的基础性作用。

文化事业对国民经济的贡献，主要从其间接效益中体现出来。间接效益来自于依托文化事业的相关产业，如文化旅游业、网络文化业、动漫产业、音像产业、影视产业、其他版权产业、艺术品市场等。上述产业在培育国民经济新的增长点、带动现代服务业发展等方面发挥着举足轻重的作用，从而促进国民经济的良性增长，加快经济增长方式的转变。

文化事业的兴办有赖于公共资金，而公共资金在当下的我国主要来源于政府的财政投入。为使我国的文化事业适应上述社会需要，研究文化事业的财政投入成为有意义的课题。

本书布局具有一定的逻辑递进关系：

　　首先，对文化事业及其财政投入进行基本的理论分析与界定，奠定本书的研究基础。这包括两部分：一是政府介入文化事业的理论依据；二是我国文化事业及其财政投入的基本分析。

　　其次，进行现实分析。分析角度有两个：一是我国文化事业财政投入的现实状况；二是其他若干典型国家的文化事业财政投入经验与做法。本部分以实证分析为下文的构想与建议奠定基础。

　　最后，展开构想，提出建议。本书的构想包括三个方面，为实现此构想，本书又提出了众多具体建议。

　　全书的基本内容安排如下：

　　第1章，导论。介绍本书选题的背景和研究意义，回顾国内外关于政府介入文化事业方面的相关理论及观点，说明研究思路以及研究框架、研究方法、创新与不足等。

　　第2章，政府介入文化事业的理论依据。本章首先对文化事业的相关概念进行了界定，具体包括文化、文化产品、文化事业、文化市场、文化产业；继而分析文化事业的公共产品属性，分析文化事业的市场失灵问题，以及文化事业的政府失灵问题，从而阐释文化事业发展中的政府责任定位与政府责任边界。

　　第3章，我国文化事业及其财政投入的基本分析。本章首先阐述了对我国的文化事业的重新认识，主要从两个方面来展开分析：一是采用广义文化视角归纳总结我国文化事业的体系构成；二是阐释选择文化事业广义视角的合理性。其次，本章针对当下我国文化事业的特殊性，阐释了文化事业提供的公共文化服务的相关理论界说。最后，将本章的分析落脚于对财政投入的一些关键性问题的辨析，包括多种投入方式的介绍和基本投入项目的内容梳理。

　　第4章，我国文化事业财政投入的现实考察。本章是本书的一个重墨之处，从全景角度和分类角度对我国文化事业财政投入的现状进行描述与分析。首先，进行总体分析，从制度、政策、投入总量分析等方面综合论述考察对象的成就与不足。然后，本章分别以文化和文物事业以及新闻出版广电事业为两大具体考察对象，每一对象以单独一节进行财政投入的具体深入剖析，努力探寻深层次的经验与缺失。

第 5 章，文化事业财政投入的国际经验与借鉴。本章首先以欧洲和亚洲多个较为先进的国家以及美国为样本国家，考察这些国家在文化事业与政府投入方面的做法，进行深入分析，对其中的经验进行归纳总结。在此基础上，本章试图将国际经验与我国的实践实现有益的对接，提出对我国的启示。

第 6 章，促进我国文化事业发展的财政投入：构想与建议。本章是本书的又一重墨之处，在前述理论与实践的基础上，提出促进我国文化事业进一步良性发展的财政投入的建设性意见，主要从总体构想与具体建议两个方面来阐述。总体构想的着力点在于三大方面：一是确立公共财政框架下文化事业的"广义视角"原则，将财政投入的规划原则拓展至涵盖文化演艺、文化遗产、广播影视和新闻出版的广义视角；二是提出构建与完善文化事业发展的财政投入机制；三是提出建立与健全文化事业发展的财政资金保障机制。在总体构想的基础上，本书提出相应的具体建议，以支撑上述的总体构想。

本书存在如下一些创新之处：

第一，在基础理论分析中，充实了大量对文化产品的公共性特征的分析与市场失灵情况的分析。

第二，在选择研究对象时，原创性地选取了有分有合的"广义文化"视角，对财政作用于我国文化事业领域的基本情况作了全方位的梳理、分析与解读，个人认为这是对今后文化事业的财政投入研究非常有裨益的一次梳理和总结。

第三，在研究分析财政投入的过程中，将文化事业体制和文化事业的财政制度与政策纳入研究视野，从制度与政策层面阐释财政对文化的投入的缘由和演变过程，使得论述部分内容饱满。

本书的主要不足之处在于：新闻出版广电事业的财政投入相关数据非常有限，限制了分析的深度。在对我国政府文化支出作定量分析时，未能深入地运用计量经济学中更多的方法进行建模和检验。

赵　颖

2016 年 5 月

目录

第 1 章 导论

1.1 选题背景与研究意义

1.1.1 选题背景

当前的中国,面临着经济和社会的转型问题,社会经济结构面临调整,经济增长机制需要转轨,利益分配格局需要洗牌,文化价值观念正在转变。这是社会变迁的历史趋势,我们需要认识和把握社会转型的机遇,完成国家和民族的历史使命。

转型期社会的文化服务领域,不可回避地处于一个特殊的历史变革时期,文化即将迎来繁荣与飞跃的"黄金期"。为此,文化领域亟待在体制和机制方面做好制度配合与保障,政府如何更好地对文化发展给予财政支持,从来都是文化发展课题中十分重要的条件要素。

从长期的社会发展历史观来看,我国自清末的 100 多年来,经历了三次大的社会转型。第一次是辛亥革命,结束了千年的封建帝制;第二次是 1949 年中华人民共和国成立,实行了社会主义制度;第三次是正在进行的改革开放。

从改革开放的阶段性进程来看，我国的文化发展与改革经历了多个阶段，不同的阶段中，文化改革的内容和指导思想各有不同，是一个渐进的过程。1978 年 12 月，十一届三中全会之后，中国进入改革开放和社会主义现代化建设的历史新时期，文化事业改革拉开帷幕。在最初这一阶段，文化事业实现了由以阶级斗争为纲的中心任务回归文化教育娱乐服务与经济建设的轨道，音乐茶座、流行文化、休闲娱乐等文化形式开始春风拂面，文化市场开始出现；1992 年小平南方谈话和中共"十四大"召开，成为我国改革开放进入更深入阶段的标志，文化改革进入到第二阶段，文化体制改革进一步深化，文化市场的体系初步形成。国人开始认识到文化可以产业化运行并且具有如此大的市场正能量，文化市场上开始形成大集团、大公司，文化产品与服务的提供主体的自由度更大，规范管理文化市场的相关法律制度也应运而生。2002 年，中共"十六大"召开，这被视为第三个阶段的开始，直至 2012 年"十八大"召开。这一阶段，公益性文化事业和经营性文化产业的区别在官方文件中被厘清，政府的文化职责进一步明确，改革的中心任务可以用文化事业单位的"转企改制"和公共文化服务体系建立两个重心来描述。经过从小试点到大试点再到全面铺开的改革过程，文化事业单位的"转企改制"实现阶段性目标，到 2012 年"十八大"召开之前，全国大部分的文艺院团、绝大部分的出版社和众多书店、众多影视制作机构等文化单位完成了"转企改制"，核销事业编制将近 30 万。文化事业作为政府的职能之一面临重新定位。这一阶段，文化事业在体制改革的基础上实现了较大发展，财政投入的主要着力点用在了公益性文化事业上，覆盖城乡的公共文化服务体系框架基本建立。

"十八大"之后，中国无疑开始书写新的一段改革历史，文化发展的方向往何处去？政府对文化事业的财政投入该如何着力？这是当前应当研究的。

1.1.2 研究意义

（1）文化事业的民生意义

文化事业，是一项真正的创造性活动，无论在经济上是否营利，文化事业都在从事社会的精神工程。社会需要精神支撑，文化便是它的内核。人的经济能力达到一定水平后，精神需求越来越迫切。经济学界有这样一种经验性观点：根据发达国家的经验，当人均 GDP 达到 3 000 美元的时候，居民消费结构开始变化，精神文化需求呈现大幅增加。我国人均 GDP 早已超过 3 000 美元，目前已经突破 5 000 美元大关，如今，电视机、手机、计算机进入家庭，相关的服务项目开发与生产也日益跟进，更大范围的群众更充分地享受到了文化权益，人们要求的生活质量标准越来越高。虽然跟发达国家相比有些滞后，但是种种迹象显示，我国居民的文化消费动力已经开始显现，文化发展既是适应消费需求变化的历史选择，又是我们应当重视的历史任务，也是国民文化素质提升的历史机遇，于国于民都是有益的。

居民对文化消费存在强大需求，这种需求包含一部分特殊的需求，就是基本公共文化需求，满足居民的基本公共文化需求就是保护公民基本文化权益。无论是基本公共文化需求，还是一般的文化需求，都是"不断增长的人民群众物质文化生活需要"的一部分，政府和市场应当分工合作，满足日益增长的居民文化消费需求。尤其是政府负责提供的公共文化服务部分，即文化事业，承担着民生所托，不可不重视。

在复杂的人口组成中，有一类群体，如少数民族群体、城市外来务工人员、离退休人群、贫困人口、文盲人口、残疾人等，被统称为弱势群体。他们的文化要求常被忽视，文化需求没有得到充分满足。这是民生需求，只有文化事业才能满足这部分人口的文化需求。财政资金的投入，实际上是将这部分本被抑制的文化需求变成现实需求，由财政出资购买。当面对文化服务提供单位时，政府是市场上的需求方；当面对那些享用文化服务的弱势群体时，政府是基本公共文化服务的供给方。通过财政出资，文化供给与文化需求实现对接。

（2）文化事业的社会建设意义

意识形态的统合。所谓意识形态，是一种精神模型，是一种观看世界的基本方法或观念集合，包括政治法律思想、道德、宗教、哲学等意识形式。拥有相同经历和文化背景的人会拥有相当一致的精神模型。每个社会的意识形态都是复杂的，往往并不单一，呈现多元化、多层化，有时还会起冲突。文化产品在提供历史、人文、审美、娱乐、教育等功能的同时，还随之传递着思想主张，灌输着价值标准，进而对现实的制度和个案提供解释和评判，影响人们对国家、民族的认同感和归属感，对于维持政治体系和社会稳定具有重要作用。美国好莱坞大片在世界各地放映的时候，美国的价值观和意识形态便随着引人入胜的情节而悄然输出，观众在欣赏电影的过程中，无意识地认同和接受了美国文化，甚至转而对本国的文化内容和价值标准进行比较和质疑。电影作为典型的文化产品，早已超越了艺术与娱乐的表面价值，成为输出美国价值的有力工具，这是一种最给力、最悄然的渗透。所以，美国人自己说：好莱坞电影是美国真正的"武器"。不仅电影，很多文化产品，如音乐戏剧、图书传媒、视觉艺术，都能够承载一定的意识形态，表达作者所主张的世界观、价值观，进而感染受众、说服受众。重要的是，一旦社会中形成人们普遍共享的精神模型，人们的行为决策就变得简单直接、易于和谐，从全社会的范围来看，这非常经济，事半功倍。政府兴办文化事业，可以起到意识形态统合的作用，有利于社会的和谐稳定。

教育事业的补充。文化是另一种形式的教育，文化事业是另一种形式的教育事业，是教育事业的有益补充。莫言就坦承：他对写作的热爱是从文化市场上的说书人那里开始的。一个国家和民族的振兴，必须要有高素质的国民。培养高素质的国民，仅仅依靠学校教育是远远不够的。尤其处于当今经济全球化、信息技术快速进步的大背景下，民族和地区的文化资本越来越成为重要的竞争力，许多国家形成共识：国民文化素质必须达到一定高度，以应对信息技术进步和各国软实力竞争的双重冲击。我国由于历史和经济的诸多原因，国民接受的学校教育，在时间和内容上都极其有限，远远不能满足快速提高国民整体素质的要求。大力发展文化事业，让文化成为延伸的教育，弥补学校教育的偏失，让学校里的孩子和已走出校门的青年、中老年人共同进步，可以加快国民素质的提高和缩小素质差距，文化的战略意义在这一方面是与教育一样重要的，二者不可或缺、相辅相成。

国家与民族认同感的培养。一个民族与其他民族进行比较，在生理特征和精神层面产生不同程度的"认同"或"认异"。这种群体意识就是文化认同或文化认异。并且，随着文化认同的长期固化、符号化，民族和民族认同感最终形成。同理，国家以及国家认同感的形成，也需基于文化。为了增强国民的凝聚力，必须发展文化事业，也只有文化事业，才能在全民范围内涵养本国特色文化，增加国民的归属感和凝聚力。

精神文明的建设。这里说的精神文明，主要指良好的社会风尚、高尚的道德情操。劳作之余，人们需要休闲，休闲时光，需要文化内容充实。什么内容充实休闲时光？是打麻将，还是读小说？是上网聊天，还是听音乐会？是边钓鱼边听广播，还是去打野战游戏？社会的进步，需要人们尽可能离开低级趣味，多接近精神文明。发展文化事业，是社会精神文明建设的需要，它可以赋予国民更加健康文明的文化生活，培养良好的社会风尚。

（3）文化事业的国家战略意义

从国际视角考察，一国的文化软实力越来越成为征服世界的重要途径。20 世纪 90 年代初，美国哈佛大学教授约瑟夫·奈提出"软实力"的概念，他提出，一国文化被普遍认同的程度是一国所拥有的"软实力"。就一个国家来说，"硬实力"是指支配性实力，包括基本资源（如人口、自然资源等）、军事力量、经济力量和科技力量等；而"软实力"则体现为国家的"吸引力"和"效仿力"。软实力具有超强的扩张性和传导性，产生巨大的影响力。硬实力只起阶段性的作用，不能居于核心竞争力的位置；软实力产生的效力缓慢而长久，而且具有扩散性，更决定长久未来。他认为，美国在几十年中利用软实力成功获得了很大的国际影响力，但后来越来越多地使用硬实力，反而使美国的影响力日趋式微。文化事业为打造一国的"软实力"承担着必要的基础性工作。

（4）文化事业的经济贡献意义

文化事业对国民经济具有直接和间接的贡献，这已经是不争的事实，这种经济贡献的基本路径可以通过图 1-1 概括地表示出来。

文化事业的直接经济贡献——系统内增加值：

文化事业的间接经济贡献：

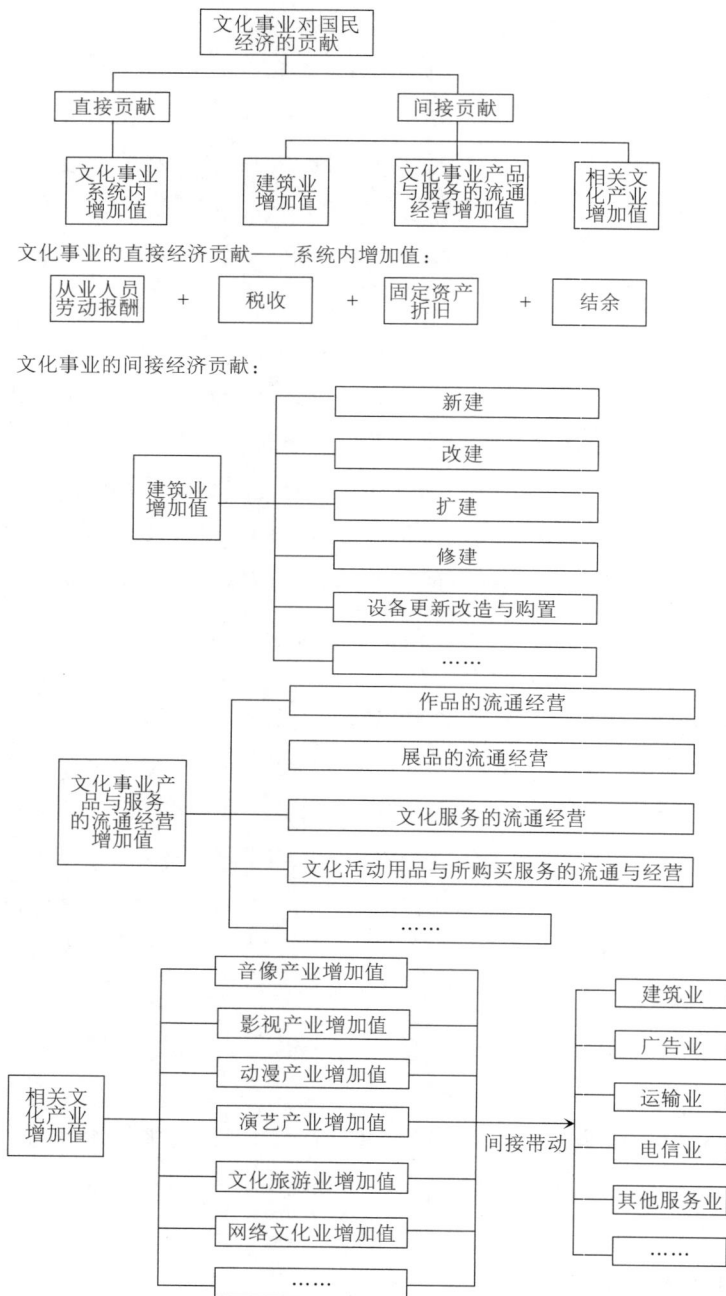

图 1-1　文化事业的经济贡献示意图（组图）

文化事业的经济贡献主要从其间接效益中体现出来。间接效益来自于依托文化事业的相关产业，如文化旅游业、网络文化业、动漫产业、音像产业、影视产业、其他版权产业、艺术品市场等。上述产业在培育国民经济新的增长点、带动现代服务业发展等方面发挥着举足轻重的作用，从而促进国民经济的良性增长，加快经济增长方式的转变。因此，可以说，文化事业可以成为文化产业发展的基础性支持。当今许多国家将文化产业作为国际竞争的制高点之一，对文化产业的发展十分重视。我国也将文化产业作为战略性产业发展，作为经济结构转型的发展方向。从这个意义上讲，文化事业的经济贡献同时又是其另一种国家战略意义之所在。

鉴于文化事业的上述现实意义，政府应当重视并研究对于文化事业的财政投入。而我国目前刚刚取得文化体制改革的阶段性成果，文化事业的财政投入应该如何把握，并不是完全明确，有些财政投入的问题尚未解决。因此，研究文化事业的财政投入是及时和必要的，是有实际意义的。

1.2 文献综述

1.2.1 国外文献综述

（1）文化经济学的相关研究

最初对文化与经济的关系的涉猎。文化经济学被公认为产生于 20 世纪 60 年代，但是在这之前，从亚当·斯密开始，众多的经济学家都在经济学著作中谈到过有关文化与经济的关系的问题，如亚当·斯密（Adam Smith）对于"歌剧歌唱家与舞蹈家"的举例，杰文斯（Jevons）对于公共博物馆的分析，马歇尔（Marshall）对于音乐消费的分析等；宏观经济理论的奠基人凯恩斯（J.M.Keynes）晚年参与艺术事业，为英国创设艺术委员会（该团体把政府资助分派给艺术领域），也有关于艺术投资的论述；科斯（Coase）在他的著作中也分析过有关广播方面的问题。

　　文化经济学产生的标志——鲍莫尔（Baumol）和鲍文（Bowen）（1966）的《表演艺术：经济的悖论》（Performing Arts： the Economic Dilemma）。公认的文化经济学的产生时间是 20 世纪 60 年代，始自著名经济学家鲍莫尔和鲍文（1966）出版的《表演艺术：经济的悖论》一书。书中提出了生产率滞后和病态成本理论，即著名的"鲍莫尔成本病"（Baumol's cost disease），对表演艺术行业的生产率滞后性和经济发展、收入提高之间的悖论进行了深入细致的经济学分析，即：社会越富裕越难以维持有活力的表演艺术。经典的案例是"弦乐四重奏"分析，三百年前需要四个人演，三百年后依然需要四个人演，相对于制造业的生产率改进，服务业在整个经济中的比重反而上升了。推而广之，政府、教育、表演艺术、饭店等许多服务部门都具有这一特征，这些"停滞部门"的相对成本不断上升，面临经济困境。这个理论用以解释一些诸如表演艺术的文化部门为什么是非营利性、需要外来资助的。这被看做开创了文化经济学的先河。

　　继鲍莫尔和鲍文开创之后，文化经济学的繁荣兴起。众多学者发表了关于表演艺术的经济分析与资助方式的论述。例如，皮考克（Peacock）的相关论著、布劳格（Blaug）（1976）编写的第一本文化经济学读物等。在鲍莫尔之后，皮考克（1969）著有《福利经济学与艺术的公共资助》（Welfare Economics and Public Subsidies to the Arts），后来又与韦尔（Weir）（1975）合著《市场上的作曲家》（The Composer in the Market Place），对鲍莫尔提出的问题作了案例分析与实证研究，同时皮考克还提出了关于博物馆的资助问题，从福利经济学的角度提出财政资助这些文化部门的实证，皮考克是这一时期对相关的理论发展贡献较大的经济学家。

　　国际文化经济学会与刊物《文化经济学刊》（Journal of Cultural Economics）。20 世纪 70 年代，国际文化经济学会在美国成立，创设了一份刊物《文化经济学刊》，发表了大量文化经济学的文章，成为文化经济学研究的重要理论平台。随后的一段时期，文化经济学从原先的主要分析表演艺术发展到扩大研究视域，将许多文化产品和服务纳入研究范围。

第一部文化经济学教科书——索罗斯比（Throsby）和威瑟斯（Withers）（1979）的《表演艺术经济学》（The Economics of The Performing Arts）。索罗斯比和威瑟斯合著的《表演艺术经济学》，是一部公认的文化经济学教科书佳作，标志着文化经济学进入一个新的发展阶段。

20 世纪 90 年代后文化经济学的发展。在这段时间里，有关文化经济学的文献数量大增，教科书编撰得很多，有詹姆斯·海尔布伦（James Heilbrun）和查尔斯·格雷（Charles Gray）（1993）等撰写的《艺术文化经济学》（The Economics of Art and Culture）、索罗斯比（2001）撰写的《经济学与文化》（Economics and Culture）。其中，前者以福利经济学的观点为基准，后者着重于价值的创造。此外，还有众多采用英语、法语等语种编写的教科书和手册。詹姆斯·海尔布伦与查尔斯·格雷合著的《艺术文化经济学》，在对艺术经济学的研究成就与教学经验的基础上，就表演艺术市场、艺术生产力、博物馆经济学、艺术经济政策等议题作出了综合而深刻的分析。其中，一方面以传统经济学工具具体地分析某些文化项目的发展，另一方面以社会学角度诠释不同地域的艺术产业成长。索罗斯比（2001）的《经济学与文化》将文化与经济分开说明后再进行整合，分述价值理论、文化资本与永续性、文化在经济发展中的角色、从经济观点看文化遗产、创作经济学、文化产业与文化政策。他以经济学方式分析文化、文化活动与文化产品的经济价值与效益，提出文化的价值在于非经济获益型效益，因此需要公共政策与财政补助。鲁斯·托斯（Ruth Towse）（2003）的《文化经济学手册》（A Handbook of Cultural Economics）收集了 61 篇不同学者对文化经济学的分析文章，其中非常具体地谈及不同的文化部门与经济的关系，如表演艺术的经济分析、电子媒介的经济分析、图书市场的经济分析、艺术拍卖的经济分析等，还有文化生产的成本、需求、定价、组织、福利等方面的研究。该作者是文化经济学领域公认的这一时期比较全面和深入研究的代表。

（2）文化产品与服务市场及政府介入的相关理论研究

公共产品理论。大卫·休谟（David Hume）（1739）在《人性论》

（A Treatise of Human Nature）一书里提到，某些任务的完成对单个人来讲并无什么好处，但对于整个社会却是有好处的，因而只能通过集体行动来执行。对于赞同任何同样行动的一千个人来说，判定他们是否作出同样的努力将是非常困难的，实际上也是不可能的。对他们来说，执行如此复杂的设计并采取一致行动将是非常困难的，因为每个人都会寻找托词以使自己免得承担由此带来的麻烦和花费，而使其他人承担整个负担。这可以看成是对公共产品研究的起源。亚当·斯密（Adam Smith）（1776）在《国富论》（The Wealth of The Nations）中论述政府职能时认为政府应提供最低限度的公共服务。林达尔（Lindahl）（1918）提出了公共产品的自愿交换理论，在假设收入分配状况既定的情况下，确定公共产品的最优水平。在两个消费者分担公共产品成本的模型中，每个消费者需要支付的税收价格和其从消费该种公共产品中获得的收益相等。保罗·萨缪尔森（P.A.Samuelson）（1954 和 1955）在《经济学与统计学评论》发表的两篇文章——《公共支出的纯理论》和《公共支出理论图解》中，对公共产品和私人产品作出了明确的定义。他认为，"纯粹的公共产品是指这样的物品，即每个人消费的这种物品不会导致别人对该物品消费的减少"，私人物品是指"如果一种物品能够加以分割，因而每一部分能够分别按照竞争价格卖给不同的人，而且对其他人没有产生外部效果"。萨缪尔森创立了一个精确且得到广泛接受的公共产品有效配置理论，阐明了公共产品与私人产品配置的基本差异，澄清了经济物品在联合消费和等量消费的情况下，公共产品的有效配置的必要条件不适宜通过市场手段来实现，并在假定社会成员的效用函数、社会福利函数和生产可能性函数已知的前提下，寻求符合帕累托最优和社会福利最大化双重目标的资源配置与产品分配方案。查尔斯·蒂布特（Charles Tiebout）（1956）运用"以足投票"理论，对地方公共产品的有效供给问题进行了较为系统的研究。他在研究地方公共产品需求与供给之间的关系时指出，社会成员之间消费偏好的不同和人口的流动性，制约着地方政府生产和提供公共产品的种类、数量和质量。布坎南（Buchanan）（1965）提出了公共产品的俱乐部理论，提出俱乐部要实现均衡，欲使俱乐部成员获取最大效用，必须满足两个条件：一是俱乐部物品与私人物品间的边际替代率与边际转换率相等；二是俱乐部成员数与私人物品间的边际替代率与边际转换率相等。加勒特·哈丁（Garrett Hadin）（1968）研究了公共产品供给中的"公地的悲剧"问题，英国曾经有这样一种土地制度——封建主在自己的领地中划出一片尚未耕种的土地作为牧场，即"公地"，无偿向牧民开放。但由于是无偿放牧，每个牧民都养尽可能多的牛羊。随着牛羊数量无节制地增加，公地牧场最终因"超载"而成为不毛之地，牧民的牛羊最终全部饿死。对于这样的公共财产的使用由于没有协议或法律制度的限制，在达到某一拥挤点之后，增加的使用就会因为公共资源的退化和耗竭而增加成本。

外部性理论。外部性又被称为外部效应，是指一项经济活动的行为主体给其他主体造成了影响，但并没有付出相应的成本或获得相应的补偿。马歇尔在 1890 年出版的经典著作《经济学原理》（Principles of Economics）中首次提出并论述了外部经济概念，庇古（Pigou）则在 1920 年出版的《福利经济学》（Welfare Economics）一书中，从福利经济学的角度对外部性问题进行了系统分析，从而形成了较为完整的外部性理论。庇古指出，"社会净边际产品是任何用途或地方的资源边际增量带来的有形物品或客观服务的净产品总和，而不管这种产品的每一部分被谁获得"，"私人净边际产品是任何用途或地方的资源边际增量带来的有形物品或客观服务的净产品总和中的这样一部分，这部分首先——即在出售以前——由资源的投资人所获得。这有时等于，有时大于，有时小于社会净边际产品"。"如果私人和社会净产品在各个地方一致，则自私心的自由发挥作用，只要不被无知所阻碍，就往往会在不同用途和地方之间有效地配置资源，从而增加国民所得，同时增加经济福利的总和，使其达到最大值"，"当然，实际生活中，私人净边际产品和社会净边际产品市场不一致"，而造成这种不一致的原因就是外部性的存在。庇古分析了社会净边际产品和私人净边际产品发生背离的各种情形。当社会净边际产品大于私人净边际产品时，行为主体给其他主体带来了正面的影响，社会边际福利大于私人边际福利，出现外部经济；当社会净边际产品小于私人净边际产品时，行为主体使其他主体受到损害但没有支付相应的成本，社会边际福利小于私人边际福利，出现外部不经济。庇古认为，当存在外部性时，必须依靠政府的力量进行干预，例如，采取征税的方式增加私人边际成本，减少供给数量，或者采取补贴的方式减少私人边际成本，增加供给数量。在庇古之后，很多著名经济学家都对外部性问题做出了精辟的分析。1952年，英国经济学家鲍莫尔出版了《福利经济及国家理论》（Welfare Economics and the Theory of the State）一书，对他以前的外部性理论进行了综述性研究，对垄断条件下的外部性问题、帕累托效率与外部性、社会福利与外部性等问题作了较深入的考察，并认为外部性理论还有很多问题没有得到解决。鲍莫尔认为，如果某个经济主体的福利（效用或利润）中包含的某些真实变量的值由他人决定，而这些人不会特别注意到其行为对于其他主体的福利所产生的影响，此时就出现了外部性；对于某种商品，如果没有足够的激励形成一个潜在的市场，而这种市场的不存在会导致非帕累托最优的均衡，此时就出现了外部性。米德（Meade）认为一种外部经济（或外部不经济）是指，某一项市场交易的当事人在作出交易决策时，对未参与该决策的旁观者的利益带来可察觉的影响。[①]米德还强调了上述外部性定义中的另一个关键点，即利益或损失是"可以被察觉"的。科斯（Coase）（1960）在他的经典论文《社会成本问题》（The Problem of Social Cost）中提出了"交易成本"这一重要范畴，为外部性的解决提出了从产权和交易成本的角度入手的新思路。科斯认为，在交易成本为零时，通过明确产权可以使外部效应内部化。布坎南（1962）在《外部因素》一文中联系帕累托最优原则，考察了外部影响问题，认为补偿也应当用这个原则来考察其福利后果。他和斯塔布尔宾（Stubblebine）用函数关系式表达了对外部性问题的认识。德姆赛茨（Demsetz）（1970）吸收了科斯的部分观点，他认为，外部性是一个模糊的概念，无论是外部成本还是外部收益，放到世界范围来看就都不是外部性了。只要注重产权，并且让各个权利方拥有谈判的自由，那么就会降低交易成本，交易成本的降低导致外部性内在化的收益大于成本，最终外部性得以内

---

① 米德. 效率、公平与产权 [M]. 施仁，译. 北京：北京经济学院出版社，1992：302.

部化。

信息不对称理论。阿罗（Arrow）（1953）在《不确定性和医疗保健的福利经济学》（Uncertainty and the Welfare Economics of Medical Care）中讨论了风险厌恶、道德风险、信息不对称等问题，按照信息不对称的内容把信息不对称区分为隐藏行动（hidden action）和隐藏信息（hidden information），将信息不对称因素纳入经济分析的模型中，开拓了这个领域的研究。信息不对称过去被广泛运用于旧货市场，阿克尔洛夫（Akerlof）（1970）在哈佛大学经济学期刊上发表了著名的《柠檬市场：质量不确定性和市场机制》（The Market for Lemons: Quality Uncertainty and the Market Mechanism）一文，首次提出了"信息市场"概念。他研究了二手车市场中买主和卖主之间由于掌握信息数量的不同而导致的交易矛盾。他在分析医疗保险市场供给时认为导致医疗保险市场供给不足的重要原因之一是逆向选择，逆向选择的结果是高风险的人隐瞒其真实风险状况，购买保险的人很有可能都是那些更加需要保险的人。威廉姆森（Williamson）（1980）将事先的信息不对称与事后的信息不对称合并为更一般的信息阻塞的范畴，他最重要的机会主义假设就是建立在该范畴基础上的。

1.2.2　国内文献综述

（1）文化经济学的相关研究

"文化经济学"在我国高校的文科建设中是一门新兴学科，涉及文学艺术、新闻出版、广播电影电视等广泛的文化经济领域，是文化学和经济学研究中的一个充满生机而又富有个性的领域。自2000年之后，我国学界对于文化经济学的研究热度开始升温，许多引进西方的文化经济学并且为我所用的国内著述开始出现，其中不乏具有一定研究水平的著作，有教材，有论点综述，有分析，对本书的学术研究具有参考价值。例如：

程恩富（1999）的《文化经济学通论》。该书是国内较早研究文化经济的教科书，它以文学艺术、教育、新闻出版和科技发展的素材为主，着重阐明文化与经济两大系统的共生互动关系；从文化资源配置角度，阐明文化资源配置与开发、文化供给与需求、文化投资与消费的现象及其规律等。

胡惠林、李康化（2003）的《文化经济学》。该书是一本基于国内大学研究与教学的需要而编写的教科书。本书对文化经济学进行了系统简明的论述，从论述文化与经济的基础性关系切入，阐述了文化经济在国民经济发展中的地位和作用，分析文化与经济的共同成长及其不平衡关系。在此基础上，作者用经济学的方法研究文化生产的性质与特征，分析了文化生产的经济性规律，包括现代文化生产的产业性质、生产劳动性质和基本特征分析，也包括现代文化生产的一般价值规律和特殊艺术规律的双重运动规律，以及文化市场的需求、供给与供求平衡规律：文化市场具有特定的需求规律，这种需求受到特定的影响因素的左右；文化市场也具有特定的供给规律，以及相应的特定影响因素；重要的是，在需求与供给的双重规律的运动中，文化市场呈现供求的矛盾统一运动，在这种矛盾中，文化市场有可能实现调节、均衡与发展。

胡惠林（2006）的《文化产业学》。该书作者以文化产业运动的内外形态关系为基本分析结构，结合中国文化产业运动发展的特点，从内外两个方面深入研究和阐述了文化产业运动的基本形态、基本规律、基本特征和基本内容，使文化产业内外两个方面成为一个具有内在逻辑联系的有机整体，建立了具有中国特色的文化产业理论研究的分析系统和理论框架。该书力图揭示属于文化产业本身的理论系统和分析系统，建构以文化研究为核心分析内容的文化产业理论体系，从而在实践层面上，突出理论基础上的文化产业政策意义，力图通过将政治、经济、社会、文化诸学科的研究成果应用于文化产业研究来建构文化产业学的基本原理。因此，相比较于国内现有的文化产业研究成果，《文化产业学》是建构性的而不是描述性的。这是该书的最大特色。

陈庆德（2007）的《文化经济学》。本书在回答文化存在何以成为经济事实这一总问题的基础上，对文化产品的生产与服务的经济化关系进行理论阐释。该书系统论述了文化与国民经济、文化与市场、文化与民族利益等之间的经济学视角的辩证关系，主要内容包括文化经济学的基点与内涵，文化产品商品化的社会基础；文化产品的性质与类型及消费，既包括文化产品的精神性本质分析，也包括文化产品中商业性与艺术性的共存特性分析；文化产品与消费的关系，其中阐析了每个消费者日常消费中的文化意义、文化产品与消费时尚的内在协调统一的关系以及文化产品消费的历史转换价值；文化产品的价值分析，其中包括文化产品社会价值与经济结果的悖论，文化产品的价值判断和现实表达的不同；文化产品生产的选择策略，其中辨析了文化产品的高雅与通俗的矛盾统一；文化产业与市场体系，文化产业的生产特征与组织多样性，风险性与目标结构的多元化，与国民经济宏观体系的关系；该书的最后收官处放在民族文化资本化的实质与意义，论述了民族文化资本化的社会含义和理论意义，与文化的多样性的关系，还论及文化安全与文化产业的发展，文化的双重控制。全书值得研究与采用的观点素材很多，全面且深入，内容构成总体来看比较系统化。

顾江（2009）的《文化遗产经济学》。该书从经济学角度切入文化遗产问题研究，在一定程度上填补了文化遗产经济学研究的学术空白。该书阐明了文化遗产具有巨大的实践价值、学术价值和经济价值，这要求人们合理保护利用文化遗产。随着文化旅游业的兴盛，文化遗产在经济学上的价值日益凸显，尤其是世界遗产，其品牌效应及其特殊资源凸显出的垄断经营的价值内涵，更会为地方带来巨大的社会与经济效益。大部分文化遗产属于不可交易型产品，不能够直接进入市场流通，普通经济规律不能发挥作用，文化遗产的经济价值比较分散。从形式上来看，文化遗产的经济价值可分为直接经济价值与间接经济价值。该书论述了文化遗产的稀缺性、公共产品性、外部性、成本性、自然垄断性的性质，同时，还以公共产品理论、委托代理理论、福利经济学定理等各种经济学理论为分析工具，深入探讨了文化遗产的经济学特征，是一种十分有益的学理探讨。《文化遗产经济学》从经济学的角度研究文化遗产的经济属性和经济价值，介绍文化遗产的战略性经营、文化遗产的产业化运作分析以及文化遗产的保护与管理等内容。在上述内容中，值得一提的有如下几个方面：第一，关于文化遗产战略资源与经营，该书论述了经营目的和原则、经营的环境、经营性战略资源、经营战略选择以及产业化运作的案例分析；第二，关于文化遗产的产品定价与价值评估，该书分析了定价方式、定价策略、价值评估体系、价值分析方法、价值评估体系的构建以及对世界文化遗产南京明孝陵的案例分析；第三，关于文化遗产与区域经济发展，该书论述了文化遗产的竞争力优势、产业集聚功能、区域品牌效应、产业开发模式等。

颜士锋（2011）的《文化经济学》。该书是一本教科书，作者根据国外相关学术研究成果和教材成果编写，主要用于国内大学的文化经济学课程。该书主要介绍了对文化的衡量和分析工具，包括价值理论、文化资本理论、文化持续性理论等，并且使用经济学理论与方法分析了重要文化产品的生产和消费，对文化产品存量（文化遗产）的评价和保存进行分析，也对文化产品的流量进行了分析，并且分析了文化艺术部门的财务问题，其中涉及政府对文化艺术部门的资助与补贴政策。该书还分析了文化艺术的生产要素市场和产品市场的相关情况，阐述了文化与国民经济的重要关系以及文化在国民经济中的重要地位。

（2）文化市场及政府介入的相关理论研究

近年来，对于政府介入文化市场的相关理论研究也颇多，形成了一定的研究热点，但是围绕文化事业的财政投入问题并没有系统的论述，只是从其他角度涉猎一些政府的介入与政府资金的介入等问题。即使是这样，一些研究结论依然对本书的研究具有基础性的意义。而且，许多关于文化产业的著作与论述，对于帮助本书明确区分文化事业与文化产业，更加确定文化事业财政投入的方向、方法大有益处，成为文化事业相关研究的一面"镜子"。在众多的只言片语中，总有一些略显厚重和系统化的研究内容，可以归纳成型枚举在此，虽不能囊括全部，但也略显端倪：

张晓明（2001）的《关于文化产业分析的理论框架》。作者为较早参与国家课题研究文化产业发展状况与制度构想的人。作者在文中阐述："在知识经济时代，经济上的后发国家，可能通过产业政策的调整，越来越与先进国家处于同样的起点之上。这可以成为'后发优势'论的一个理由。我们应该在这个观点下，重新理解在我们这样的'后发现代化国家'，文化发展战略的意义，安排我们有限的社会经济资源。"

"文化从非产业化的社会活动向产业化转化，文化成为一种经济资源，这是当代社会进步的一个重要特征，对整个经济计划和管理提出了新的问题"，"必须对文化活动'产业化'的条件进行分析，才能适应这一社会发展的趋势，并进而改善我们的管理。"

柯可（2001）的《文化产业论》。这部书站在科技进步与信息产业革命的历史高度，借鉴西方发展文化产业的实践和理论成果，通过论证文化产业的发展规律，结合其集团化实践，以及中国城市文化产业发展战略等问题，提出了中国文化产业的组建方略和网络文化建设等一系列重要命题。

陈文玲（2002）的《论文化产业的特殊性及市场定位》。该书比较系统地分析了文化人力资本，文化供给与文化消费需求的互生关系，文化产业的创造性、品牌效应及与其他产业的融合性等，以此为切入点，明确了以下观点：必须将这个产业作为第三产业中的重要的新兴产业，准确地进行市场定位，积极培育和推动其发展。文化产业应通过文化产品的创造和传播，把先进文化转化为先进生产力。应当提高文化产业的市场化、国际化、产业化、组织化程度。

胡惠林（2003）的《文化政策学》。作者是国内文化经济问题相关研究的先行者，有多部著作。在这部书中，作者阐述了政府通过文化政策对文化实行有效的监管和指导，是现代国际社会普遍的文化政治行为。作为对这一行为的普遍性规律的研究，以及在此基础上形成的文化政策理论形态和理论系统，文化政策学正日益成为现代政策科学和文艺学的重要分支。运用政策科学理论，结合我国的文化政策实践，分析、研究中国当代文化政策运动的历史和现状、内容和结构，探索和建构具有中国特色的文化政策学理论体系。

左惠（2009）的《文化产品供给论——文化产业发展的经济学分析》。作者在该书中重点研究了文化产业发展中的政府与市场边界问题。由于各国经济与社会环境的不同，尤其政府职能定位和市场状况的不同，文化产业的发展模式也不尽相同。该书以分析文化产品特性等相关动力因素为切入点，从文化产品供给视角动态地分析文化产品的政府与市场供给边界的演变，并对不同的供给模式的效率问题进行分析，试图提出与供给模式相匹配的产业规制结构，以此来确定我国文化业发展中的政府与市场作用边界，为正处于体制转轨时期的我国的文化业提供发展模式的建议与参考。

寇铁军（2012）的《财政学教程》。该教程在第一章中做了关于公共产品和市场失灵的理论综述，系统分析了公共产品的基本特征——非排他性和非竞争性、市场失灵的主要表现，以及政府参与资源配置、收入分配与经济调控的合理性和必要性。在第三章购买性支出中对文化支出的性质和必要性做了界定和分析。

（3）政府文化事业建设相关实践的分析与研究

上述文献资料可以归纳为理论性的政府介入文化市场的文献，而从我国现实制度研究与制度建设角度考察，也有些文献资料可供参考和借鉴。此类文献资料有一些以著作的形式呈现，更多的是以刊物中的文章形式呈现。该类资料来源颇多，内容丰富，在此只是略作展示，多数资料并未明列。

邓安庆、邓名瑛（1998）的《文化建设论：中国当代的文化理念及其系统构建》。该文献主要探讨了有中国特色的社会主义文化理念、文化模式以及由此理念和模式所决定的文化建设的内容。张少春（2007）的《公共财政与文化体制改革》。作者发表了多篇关于文化事业财政投入研究的相关学术论文。上面提到的这篇主要从实践的角度阐述公共财政与文化体制改革的内生关系，明确当时文化体制改革是公共财政支持的重点，公共财政为文化体制改革的成功推进做了哪些工作，如：加大投入力度，提高保障水平；完善财税政策，支持宣传文化单位改革与发展等。在此基础上提出进一步支持文化体制改革的思考和建议，包括：科学界定文化单位的性质和功能，实行有区别的财政政策；完善财税政策，进一步促进文化产业发展；继续加大财政投入力度，优化财政支出结构；创新财政投入管理方式，提高财政资金使用效益，等等。林日葵（2009）的《中国文化产业政策法规与典型案例分析》。该书内容主要分为两个部分：一是中国文化产业政策法规；二是典型案例分析。通过本书，既可以了解中国文化产业政策法规的基本情况，也可以了解一些典型案例的分析方法。曹爱军、杨平（2011）的《公共文化服务的理论与实践》。该书着眼于以人为本和经济社会协调发展的目标，阐述了论题的时代背景和理论背景，对公共文化服务的相关范畴和理论问题作了梳理，着重从基础制度的建构和创新方面，对公共文化服务均等化发展的基础平台进行了研究，并以甘肃农村公共文化服务发展状况为例，论述了新农村公共文化建设的宏观思路、制度设计和模式选择。谢旭人（2012）的《创新财政政策机制，推进文化发展繁荣》。当时作为财政部长，作者主要阐述了财政支持我国文化发展的必要性、可能性、着力点和完善措施。公共财政是为社会提供公共产品和公共服务的政府资源配置行为，既着眼于满足社会公共需要，又着力于弥补"市场失灵"。文化产品本身具有公共产品和市场经济的双重属性，公共财政与文化发展具有内在统一性。满足人们基本文化需求是公共财政的基本任务；支持加快发展文化产业也是公共财政当前维护经济的健康可持续增长的职能要求，符合财政的基本职能要求。张少春（2012）的《贯彻落实六中全会精神，支持文化大发展大繁荣》。这篇文章主要阐述的观点是：财政需要抓住关键，找准重点，做好支持文化的工作。针对我国的经济情况，财政需要找准的重点主要在于：文化投入需要增加，保障预算增长；资金的指向重点是建设公共文化服务体系；支持国有文化单位的改革的继续深化；支持文化产业的快速发展；提高现有文化资源的使用效益。吕志胜（2012）的《公共财政投入与文化产业增长：影响与对策建议》。这篇文章比较有特色的地方是：对2003—2009年我国31个省、直辖市、自治区的文化产业发展的有关经济数据进行计量分析，阐述文化事业费和就业人员数量对文化产业增加值的影响显著。在此基础上，提出确保公共财政投入稳定增长、充分发挥财政政策的作用、优化财政支出结构的建议。贾康（2012）的《以财政政策支持事业单位改革》。这篇学术论文高屋建瓴，主要阐明了财政的资金支持促成事业单位归类转型的必要性和可行性、以财政政策促成事业单位所花费的财政资金的使用效益提高、以财政政策促成社会其他资金来源参与兴办文化事业的可行性和必要性等。

另外，有一类特殊的文献资料应当专门加以介绍，那就是关于我国文化事业与产业建设的实践调研与考察分析的文献。这些文献从实证分析的角度，为研究者提供了真实、生动的研究资料，包括数据和案例，其中有的涉及较大区域，有的涉及区域小而具体，内容翔实，对本书的启发作用非常大。比如，林君伦（2007）的《促进宁波市文化建设的财政政策工具选择》，对宁波市文化建设与财政面临的形势进行了分析，提出了促进宁波市文化建设的财政政策工具选择的基本原则，并对各项财政政策工具进行了阐述，以使文化建设与经济和各项社会事业保持和谐发展；韩梅（2009）的《关于财政支持公共文化服务体系建设情况的调研》，对山东省济宁市的公共文化服务体系发展现状和财政投入情况做了调研与归纳总结，重点对公共文化服务项目的执行情况进行分析，总结地方经验，形成改革公共文化服务财政保障机制的建议；皖财（2011）的《安徽构建文化建设财政保障机制》，调查了安徽省各级财政部门确保文化建设投入的增长情况，分析并总结了相关经验；黄瑛（2008）的《财政支持文化产业发展的实践与思考——以广西文化产业发展为例》，以广西财政支持文化产业发展在实践中取得的成果与经验为例，分析当时广西富有少数民族区域特色的文化产业发展新格局中存在的问题和难点，提出切合实际的思考和建议；邬家峰、吴理财（2012）的《激活内生动力，破解"小财政大服务"困局——黄石市公共文化服务体系建设的调查与思考》，以黄石市公共文化服务体系建设中的现实情况为参照背景，阐述如何做到"小财政大服务"，找到激活各地公共文化服务内生动力的关键节点——体制机制创新，等等。

关于借鉴其他国家文化事业投入的实证分析的文献。这方面的文献资料很多，本书涉及的应该在 30 篇以上，这些文章从不同的侧面、不同的国家情况出发，对我国如何发展自己的文化事业提出了有益的启示。比如，翟建雄（2012）的《法国公共财政对文化事业投入情况分析》，对法国这一西方文化事业较为发达的国家，其文化管理体制和财政资助政策做了比较全面的介绍和分析，从预算数据到经济分析，从法国的中央政府到大区、省、市镇四级政府，阐述得比较全面。在此基础上，提出对我国的文化事业财政投入的借鉴。

1.3 逻辑安排与框架结构

1.3.1 逻辑安排

本书按照以下的逻辑递进关系来进行全书的谋篇布局：

首先，对文化事业及其财政投入进行基本的理论分析与界定，以奠定本书的研究基础，清晰地表明本书的研究领域与研究范畴。其主要包括两部分内容：一是政府介入文化事业的理论依据；二是我国文化事业及其财政投入的基本分析。

其次，在对文化事业及其财政投入进行基本理论综述的基础上，从全景角度和分项目角度两个层面对我国文化事业的财政投入现实状况进行考察、分析、总结与评价，为下文的构想与建议奠定基础。

再次，结合前述的理论分析与实证分析，调转视角，考察其他国家在文化事业发展中的成功做法，探求我国可以借鉴的经验，从国际比较的视角为下文的构想与建议奠定基础。

最后，在前述分析的基础上，结合我国目前文化事业财政投入的制度与政策，对发展我国文化事业的财政投入展开构想，提出建议，提出确立公共财政框架下文化事业的"广义视角"原则、构建与完善我国文化事业的财政投入机制和资金保障机制。

上述逻辑递进关系可参见图1-2。

1.3.2 框架结构

按照全书的逻辑递进关系，本书的框架结构安排如下：

第1章，导论。介绍本书选题的背景和研究意义，回顾国内外关于政府介入文化事业方面的相关理论及观点，说明本书的研究思路以及研究框架、研究方法、创新与不足等。

第2章，政府介入文化事业的理论依据。本章首先对文化事业的相关概念进行了界定，具体包括文化、文化产品、文化事业、文化市场、文化产业；继而分析文化事业的公共产品属性、文化事业的市场失灵问题，

规范分析

实证分析

结论与对策

政府介入文化事业的理论依据阐释

我国文化事业及其财政投入的基本分析

综合考察

分类考察

多国的经验与做法

启示与借鉴的提炼

我国文化事业财政投入的现实剖析

其他国家文化事业财政投入的现实解析

确立公共财政框架下文化事业的"广义视角"原则

构建与完善文化事业发展的财政投入机制

建立与健全文化事业发展的财政资金保障机制

基本界定

现实分析

构想与建议

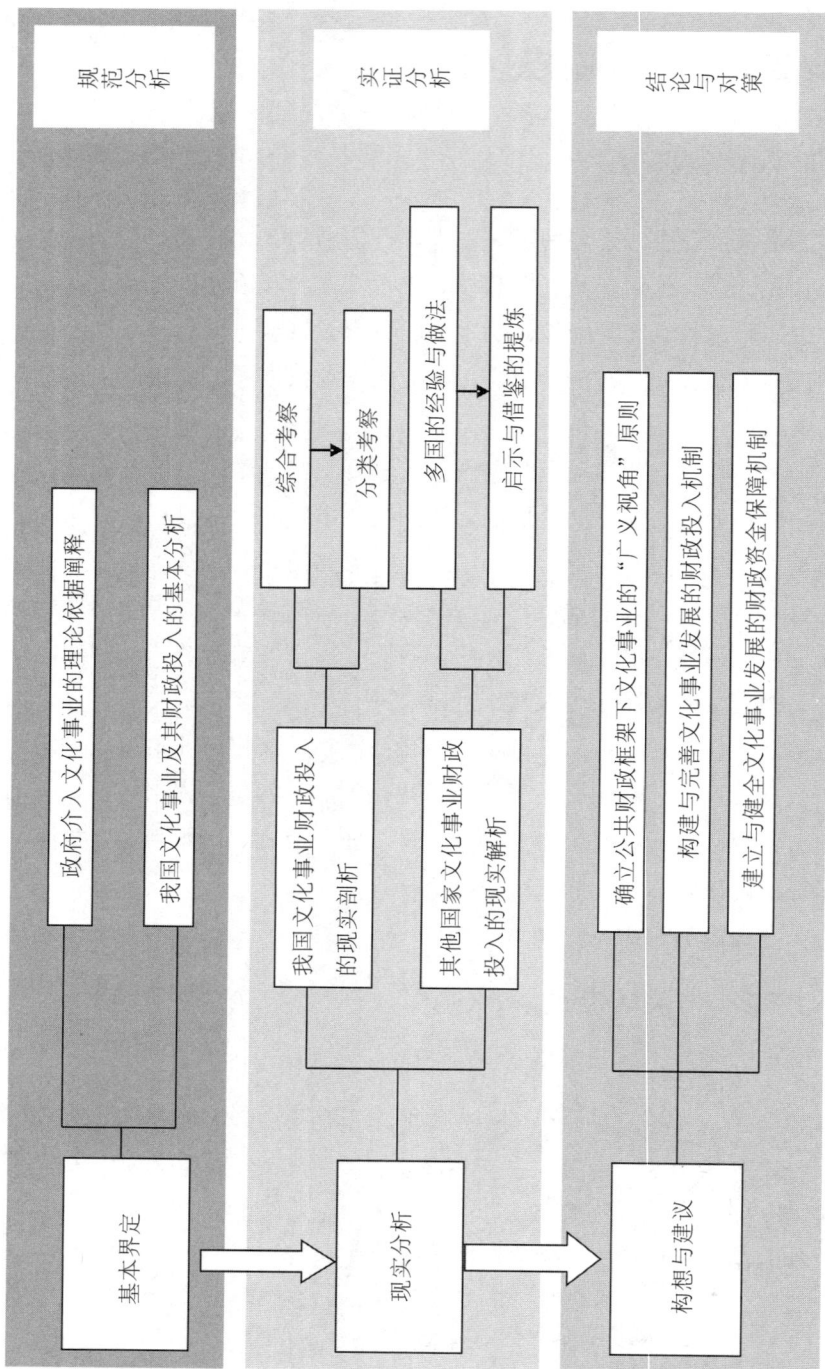

图 1-2　全书的框架结构逻辑图

以及文化事业的政府失灵问题，从而阐释文化事业发展中的政府责任定位与政府责任边界。

第3章，我国文化事业及其财政投入的基本分析。本章首先阐述了对我国的文化事业的重新认识，主要从两个方面来展开分析：一是采用广义文化视角归纳总结我国文化事业的体系构成；二是阐释选择文化事业广义视角的合理性。其次，本章针对当下我国文化事业的特殊性，介绍了文化事业提供的公共文化服务的相关理论界说。最后，将本章的分析落脚于对财政投入的一些关键性问题的辨析，包括多种投入方式的介绍和基本投入项目的内容梳理。

第4章，我国文化事业财政投入的现实考察。本章是本书的一个重墨之处，从全景角度和分类角度对我国文化事业财政投入的现状进行描述与分析。首先，进行总体分析，从制度、政策、投入总量分析等方面综合论述考察对象的成就与不足。然后，本章将文化事业分为文化和文物事业和新闻出版广电事业两大具体考察对象，每一对象单独成节，进行财政投入的具体深入的剖析，努力探寻深层次的经验与缺失。

第5章，文化事业财政投入的国际经验与借鉴。本章首先以欧洲、北美和亚洲多个较为先进的国家为样本国家，考察这些国家在文化事业与政府投入方面的做法，进行深入分析，对其中的经验进行归纳总结。在此基础上，本章试图将国际经验与我国的实践进行有益的对接，提出对我国的启示。

第6章，促进我国文化事业发展的财政投入：构想与建议。本章是本书的又一个重墨之处，在前述理论与实践的基础上，提出促进我国文化事业进一步良性发展的财政投入的建设性意见，主要从总体构想与具体建议两个方面来阐述。总体构想的着力点在于三大方面：一是确立公共财政框架下文化事业的"广义视角"原则，将财政投入的规划原则拓展至涵盖文化演艺、文化遗产、广播影视和新闻出版的广义视角；二是提出构建与完善文化事业发展的财政投入机制；三是提出建立与健全文化事业发展的财政资金保障机制。在总体构想的基础上，本书提出相应的具体建议，以支撑上述的总体构想。

1.4 研究方法、创新与不足

1.4.1 研究方法

（1）规范分析与实证分析相结合

采用规范分析的方法，运用经济学理论构建政府文化服务理论分析框架，明确政府介入文化领域的合理性和责任范围；采用实证分析的方法，对财政的文化事业投入进行数据分析，对与财政的文化事业投入密切相关的体制与制度进行分析，探寻目前我国政府文化事业投入中存在的问题和可能的根源。

（2）定性分析与定量分析相结合

定性分析与定量分析相结合，既可以防止定性分析的主观随意性，也可以避免由于数学模型的高度抽象而失去其现实意义。因此，本书在对财政支持文化事业发展进行研究的过程中，运用定量分析方法，大量地引证相关数据，进行相关统计分析，分析财政支持文化事业与文化产业的数量特征；在定量分析的基础上，总结和提出相关的理论假设，进行定性分析。

（3）静态分析与动态分析相结合

本书在研究的过程中，采取静态分析和动态分析相结合的方法。运用静态分析的方法，主要研究政府各项文化事业投入在当前的时间和空间内的状况；运用动态分析的方法，主要研究政府各项文化事业投入在不同时期的发展变迁以及未来的发展趋势。

（4）纵向对比与横向对比相结合

本书在分析我国政府文化事业投入的规模、政府文化事业投入的结构分析时采用了横向对比和纵向对比相结合的方法。既有不同年度的指标情况比较，也有相同年度的不同指标情况比较；既有我国各地区的指标比较，也有不同国家的指标比较。这样可以比较全面地反映出我国政府文化事业投入的发展变化趋势。

（5）理论与实践相结合

本书运用公共产品理论、市场失灵理论以及政府失灵理论分析论证政府对文化领域介入的合理性、可行性；同时对我国政府文化事业投入的历史变迁与现状、结构与规模，文化资源的分布情况以及文化事业投入的成绩与存在的问题进行描述，从理论出发，到实践中探究，在理论与实践相结合的基础上提出适合我国现状的政策与制度构想。

1.4.2　创新与不足

（1）本书的创新之处

本书可能存在如下一些创新之处：

①在基础理论分析中，充实了大量对具体文化产品的公共性特征的分析与市场失灵情况的分析。

②在选择研究对象时，原创性地选取了有分有合的"广义文化"视角，对财政作用于我国文化事业领域的基本情况做了全方位的梳理、分析与解读，个人认为这是对今后文化事业的财政投入研究非常有裨益的一次梳理和总结。

③在研究分析财政投入的过程中，将文化事业体制和文化事业的财政制度与政策纳入研究视野，从制度与政策层面阐释财政对文化的投入的缘由和演变过程，使得论述部分内容丰满。

（2）本书的不足之处

新闻出版广电事业的财政投入相关数据非常有限，限制了分析的深度。在对我国政府文化支出作定量分析时，未能深入地运用计量经济学中更多的方法进行建模和检验。

第2章 政府介入文化事业的理论依据

2.1 文化事业的理论阐释

2.1.1 文化事业相关术语的界定

（1）文化

①词源探析。"文化"一词有多种含义，在不同的学术领域，文化有不同角度侧重的特定含义。《辞海》中对文化的注释主要有：第一，从广义来说，指人类社会历史实践过程中所创造的物质财富和精神财富的总和；从狭义来说，指社会的意识形态，以及与之相适应的制度和组织机构。第二，泛指一般知识，包括语文知识。例如，"学习文化""文化水平"，都是这个意思。第三，指中国古代封建王朝的文治和教化的总称。①西汉刘向《说苑·指武》"凡武之兴，为不服也，文化不改，然后加诛"，西晋束皙《补亡诗·由仪》"文化内辑，武功外悠"，其中的文化皆是文治教化之义。文化一词的英文是 culture，该英文单词的最

---

① 辞海编辑委员会. 辞海［M］. 上海：上海辞书出版社，1980：1533.

初含义是"耕耘土地"。到了16世纪,这个词的意思演化为"对心灵和智力的培养"。从19世纪初开始,culture的含义变得宽泛,指"整体上的智力文明进步和精神文明发展"。再后来,它不仅仅包括精神层面的活动,而且包括民族或社会的全部生活方式。[①]

②本书对文化的界定。本书所涉及的文化,是指在社会成员中得以传播开来并且获得一定认同的精神内容的总和,包括宗教信仰、思想意识、道德风尚、科学教育、文学艺术、流行时尚等。文化是精神层面的社会现象,它反映特定历史时期和特定地域中人们的生活形态、创造能力、精神状态,是一个社会在精神领域中的历史积淀物和地域标志物。文化的历史非常久远,远比财政的历史久远。从原始社会开始,有了部落,有了祭祀活动,有了部落的共同价值认同,便有了人类社会的文化生活。随着人类社会的发展和物质财富的丰富,人类创造的文化内容也不断地增加。时至今日,文化的内容已经异常丰富。

理解本书界定的文化,可以把握一个基本点,即文化是能够传递的"象征意义"。教堂和庙宇的设计与布置,包含了众多的宗教象征意义,教徒置身其中,能够领略到建筑物所要传达的特定宗教象征意义,这不同于一个仅仅为容身意义而存在的建筑物。教堂和庙宇中所包含的建筑学的技术,并不是我们探讨的文化内容,也就是说,科学技术本身不属于文化范畴,它只是一种客观存在的人类所掌握的规律与程序,并不具有精神层面的象征意义。

本书不予探讨的文化内容包括:第一,教育与科学。教育指专门的教育机构进行的初等、中等、高等以及成人学校教育体系,科学指对于各个专门领域的知识的研究与技术的开展,它研究客观规律并运用客观规律创造技术,是与其他文化创造活动有所区别的专门活动。教育与科学,在财政支出的研究框架里通常被作为一项专门的支出项目加以研究,与文化支出是分开讨论的。第二,体育。联合国教科文组织把体育、竞技及其运动产品归纳在文化产品中,但本书不作此归纳,而是把体育作为一个比较独立的其他类别社会产品与服务加以看待。

---

① 索罗斯比. 经济学与文化 [M]. 王志标,张峥嵘,译. 北京:中国人民大学出版社,2011:3.

（2）文化产品

①文化产品的基本含义。文化本身需要通过一定的文化载体才能具体呈现，这些文化载体被称为文化产品。所谓文化产品，人们通常认为是表达人类的信仰思想、历史风俗、情感审美、语言文字、行为规范等精神因素的物品或活动，生活中无处不在，圣经、佛经、教堂、庙宇、社区活动室、书刊、网络、古迹、民俗、电影电视、音乐戏剧、视觉艺术、博物馆、图书馆等，涉及范围极其广泛。

②文化产品特征的选择性分析。文化产品的特征有很多，不同的学科，侧重研究的角度不同，阐述的文化产品的特征不尽相同，这并不矛盾。本书选择以下基本的、对本书的研究有所帮助的文化特征：

第一，文化产品满足人们的精神需求。文化产品的使用价值，不像普通产品那样体现在满足人们的衣食住行基本生活需要，而是满足人们精神层面的某种需要，属于"马斯洛需求金字塔"中的较高层次。图2-1中的最上面三层需求，几乎每一项都离不开文化的内容。

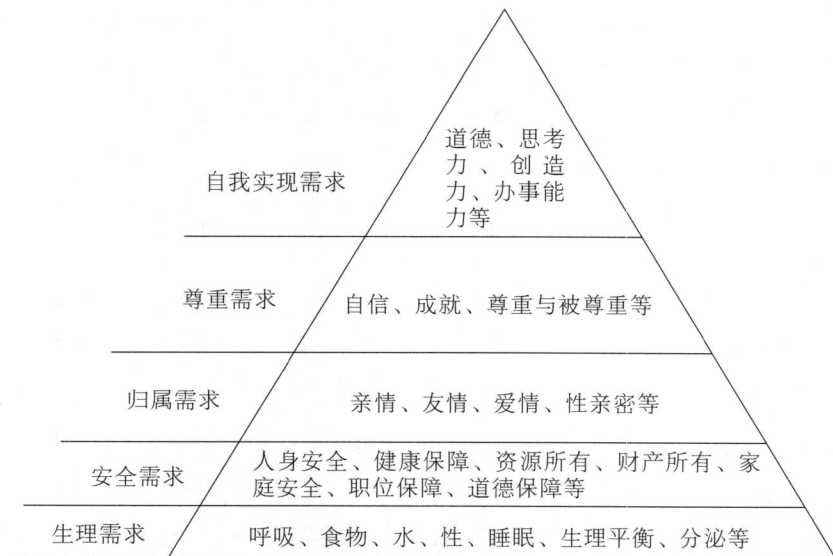

图 2-1　马斯洛需求金字塔

　　第二，文化产品具有经济价值。许多文化产品是可以按照市场规则运行的，具有市场的规律性。按照马歇尔的《经济学原理》中的剩余理论，商品的价格和价值并不相同，使得买者和卖者均按照自己的标准觉得有利可图。买者图的是消费者剩余，即支付意愿（价值定位）减去实际支付额（市场价格），总是有剩余存在。有了消费者剩余，文化产品才有买家，买者自己感觉到获得额外利益。卖者图的是生产者剩余，即得到的收入（市场价格）减去付出的实际成本，也通常会有剩余存在，即生产者剩余。有了生产者剩余，文化产品才有卖家，卖方从文化产品交易中获得利润。可以用算式来表示消费者剩余和生产者剩余：

　　消费者剩余=买者对文化产品的价值定位−买者的实际支付额（市场价格）

$$(2-1)$$

　　生产者剩余=卖者的实际收入额（市场价格）−卖者的实际成本　　　　　　$(2-2)$

　　将两个算式进行合并，得到的新算式是：

　　总剩余=买者对文化产品的价值定位−买者的实际支付额（市场价格）

　　　　+卖者的实际收入额（市场价格）−卖者的实际成本

　　　　=买者对文化产品的价值定位−卖者的实际成本　　　　　　　　　　$(2-3)$

即：

　　文化产品的总剩余=买者的评价−卖者的成本　　　　　　　　　　　　　$(2-4)$

　　运用该公式，通过图 2-2 可以形象地看到，阴影部分代表文化产品带来的社会总剩余。消费曲线和供给曲线的交点 M，形成均衡价格 P 和均衡价格下的产量 Q，在此条件下，区域 CMQO 代表买者的评价，区域 SMQO 代表卖者的成本，区域 PMQO 代表市场交易额（即上面提到的市场价格），区域 CMP 为消费者剩余，区域 PMS 为生产者剩余。按照总剩余的算式，区域 CMS 即为总剩余，它既是 CMQO−SMQO，又是 CMP+PMS。

　　许多文化产品有个特点，就是物料成本不多，智力成本高，附加值高，因此，区域 SMQO 的面积很小，所以带来的总剩余可能很大。这一点可以作为文化产品具有良好的经济价值的一个理论佐证。

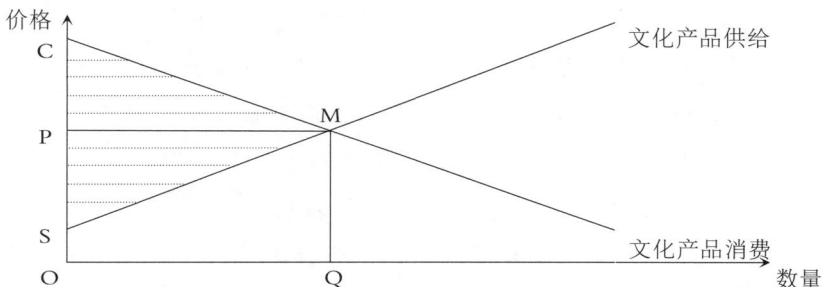

图 2-2 文化产品的社会总剩余

第三，文化产品的经济价值与文化价值具有分离性。文化产品首先具有文化价值，这个文化价值又能创造出经济价值。有时文化价值和经济价值表现为正相关的关系，而有时表现为强烈的分离性：一方面，文化价值很高但是经济价值却没有体现出较高的价格，或者较好的市场需求；另一方面，文化价值并不高甚至低俗的文化产品，显性的经济价值却高启。这种经济价值与文化价值分离的文化产品在现实中俯拾即是，比如名著、高雅音乐，文化价值不可估量，但市场收益却不景气；粗鄙庸俗的文艺作品，文化价值功薄蝉翼，赚到的银子却成千累万。造成这种分离性的原因，是因为文化价值本身与众不同的特性，文化价值的某些成分无法转化成为经济价值。另外，文化价值的某些成分可能作为一种资本沉淀下来，成为未来经济价值的源泉。从这个意义上来讲，衡量市场上私人文化品的经济价值时，虽然大多数情况下似乎只有市场价格和市场交易量可供参考，但实际上它们只是一些作用有限的指标。

（3）文化市场

文化市场，是指按价值规律进行文化产品交易的资源配置平台，是文化产品生产和消费的中介。它必须具备三个条件：一是要有能供人们消费并用于交换的文化产品和活动；二是要有组织这种活动的经营者和需求者，文化市场的经营主体一般是指各类文化产业单位，需求方通常是具有文化消费需求的消费者；三是要有适宜的交换条件。文化市场具体内容非常庞杂，包括演出市场、娱乐市场、音像市场、网络文化市场、电影市场、书报刊市场、艺术品市场、文物市场等多种类型。文化市场的本质特征是营利性。

（4）文化事业

文化事业，是指非营利性的，从事文化研究创作、文化产品生产和文化公共服务的文化活动。从狭义上说，文化事业是隶属于政府管理的部门所提供的文化生产与服务；从广义上说，文化事业还包括其他非营利性的、非政府性的文化服务组织所提供的文化生产与服务。本书研究的文化事业，采用狭义理解，是指通过政府的财政资金兴办的文化活动的全部，不仅指文化事业单位本身兴办的文化活动，还包括政府投入资金用于非文化事业单位提供的文化产品与服务部分。

文化事业是典型的、带有计划经济色彩和中国特色的术语。新中国成立伊始，中国的制度设计秉持的是苏联模式，理论指针是马列主义的阶级斗争思想，政治、经济、教育、文化都要为阶级斗争这一中心服务。文化被作为意识形态领域斗争最重要的"战线""阵地"和"工具"，完全由国家来办、政府来管。在这样的制度背景下，有了文化事业，并且也只有文化事业，根本不存在营利性的、市场配置的文化产品。改革开放以后，文化市场逐渐萌芽并成长壮大，文化事业的泛意识形态化也开始逐渐发生了改变。

（5）文化产业

文化产业的概念界定并没有取得共识。从西方词源考据的角度看，文化产业应当是指文化内容的工业生产，是一种商品生产，在市场上按照价值规律运行，获得工业资本的利润满足。联合国教科文组织关于文化产业的定义是：按照工业标准，生产、再生产、储存以及分配文化产品和服务的一系列活动。从我国的情况看，根据 2003 年 9 月文化部发布的《关于支持和促进文化产业发展的若干意见》，文化产业被界定为"从事文化产品生产和提供文化服务的经营性行业。文化产业是与文化事业相对应的概念"。这样来看，我国定义的文化产业，比联合国教科文组织界定的文化产业范围宽泛，主要标准在营利性上，而不是在工业化上。

本书采用上述我国的界定标准，文化产业作为与文化事业相对应的概念，以营利性为根本特征，以文化市场为存在基础。我国目前文化产业实际上不仅包括文化企业的市场交易活动，还包括一部分走企业化管理的文化事业单位的市场交易活动。

（6）文化事业与文化产业的逻辑关系

①我国文化事业的体制走向。讨论我国文化事业与文化产业的逻辑关系，需要联系我国文化事业的体制沿革情况。改革开放之前，我国的文化领域只有文化事业，没有文化产业，也没有文化市场。改革开放以来，文化体制开始经历漫长的变革之路，总体来看是一个文化市场和文化产业从无到有、从弱到强的过程，也是文化事业不断进行职能重新定位、将许多文化领域让位给文化产业的过程。

1978—1992 年，通常被认为是文化体制改革的第一阶段，实行了文化事业的"双轨制"改革，体制上既有事业单位，又有其他所有制单位，文化市场地位得到承认；1992—2002 年，被认为是文化体制改革的第二阶段，文化市场逐渐形成体系，"文化产业"概念被官方提出。2000 年 10 月，中共十五届五中全会第一次提出了"文化产业"概念，并提出了推动文化产业发展的目标与部署。2002 年，党的"十六大"第一次将文化明确区分为文化事业和文化产业，强调要积极发展文化事业和文化产业。文化产业概念的提出，赋予了文化更多的经济属性，将文化从在特定历史阶段所背负的意识桎梏中极大地解放了出来，为今后的文化体制改革奠定了理论基础。从党的"十六大"至党的"十八大"的十年间，被认为是文化体制改革的第三阶段，这一阶段的体制改革力度更大，以经营性文化事业单位"转企改制"为中心环节，培育新型文化市场主体。文化事业单位被明确分成公益性和经营性两大类，出版、发行、影视、演艺、广电网络、新闻网站、非时政类报刊等经营性文化事业单位，大面积转企改制。这一阶段的改革，在我国建立起了一个以企业为主体、事业为补充的新型的演艺体制格局、新闻出版体制格局、电影体制格局，广播电视系统内形成集约化、集团化的市场主体。

通过了解我国文化体制改革的过程，能够总结出文化体制的改革走向，即文化事业将大部分文化职能让位于文化产业，这个过程目前还在进行当中。同时，文化事业定位于公益性范畴，财政保证这些公益性文化事业的资金投入。

②关于文化事业与文化产业关系的争议。第一种观点认为，文化产

业从属于文化事业，文化事业包含着文化产业。此种观点的立论依据主要是：中国的文化产业是从新中国成立便存在的文化事业中演化并产生出来的，应该从属于文化事业，二者具有"母子"关系，并且在以后的发展中应当始终以文化事业为根本行业框架。此种观点可以解读为：中国最初的文化事业只是表明一个行业，并不带有其他诸如非市场性等的特定内涵，而文化产业则是一定带有营利性、市场性特征的。第二种观点认为，文化事业与文化产业是并列关系，这种观点在理论界相当有人缘，立论依据主要是上文提到的、我国在 2003 年对文化产业的定义。这种界定使中国定义的文化产业比联合国教科文组织定义的文化产业范围宽泛，主要标准在营利性上，而不是在工业化上，因此，那些企业性质的文艺院团，都应当包含在文化产业当中。从这个理论渊源来看，此种观点颇具当代中国的语境特色。第三种观点认为，文化事业属于文化产业中的一部分，文化产业包括文化事业和文化企业。也就是说，文化产业同所提供的文化产品是否营利并不相关。根据 2012 年国家统计局颁布修订的《文化及相关产业分类（2012）》来看，文化及相关产业被分为 10 个大类，涵盖的范围相当广泛，界定区域基本符合第三种理论观点。

③本书对文化产业与文化事业关系的把握。在当前的语境中，见得最多的一对名词是"公益性文化事业"和"营利性文化产业"。由于中国当代的国情特殊，文化事业中的一部分单位走的是"事业单位，企业化管理"的路子，使得要想表明非营利性特征，就得在文化事业前面加上"公益性"三个字，以便把那些在市场上营利的事业单位活动区分出去。另外，这里所说的"营利性文化产业"是个混合体，里面既有文化企业，又有营利性的、走市场化道路的那部分文化事业单位。鉴于上述原因，就有了当代中国语境下的"公益性文化事业"和"营利性文化产业"这样一对概念。

如果只就文化事业和文化产业来谈，本书认为将其关系定位于第二种观点比较适宜展开论述，即文化事业与文化产业是并列关系，文化事业是非营利性的，文化产业是营利性的，文化事业的资金来源为政府的财政投入，文化产业的资金来源为市场化投资。文化事业以社会效益为原则，文化产业以经济效益为原则。

2.1.2　文化事业的公共产品属性

公共产品理论是公共部门经济学的重要理论之一，运用公共产品理论的分析方法，可以总结出众多文化产品的公共产品特征，其理论核心围绕着竞争性与排他性的特征分析而展开。

（1）私人产品和公共产品及其特征

①私人产品及其特征分析。私人产品是具有竞争性和排他性的产品，生活中的大多数产品都属于私人产品。

竞争性是指消费者消费某种产品时会影响其他消费者同时从该产品中获得利益，也就是说，私人产品在消费过程中存在着利益上的冲突。竞争性源自于私人产品的可分割性，因而产品的利益可以通过分割产品，严格地限定在消费该产品的某一个消费者范围内，即产品的利益可以完全内在化。

排他性是指在产品消费过程中，能够通过某种方式将某些消费者排斥在产品的消费利益之外，消费者消费这种具有排他性的产品往往要为之付出代价或受到某些条件的限制。如果消费者不愿付出代价或不符合限制性的条件，那么，这些消费者将不能获得产品的消费权。

②公共产品及其特征分析。与私人产品的排他性和竞争性特征相反，公共产品具有非排他性和非竞争性的特征。

非排他性是指在产品消费中，无法有效将其他消费者排斥在外。公共产品具有非排他性，即无法排除他人共同消费该产品，如国防、防洪堤坝等；或者虽然在技术上可以排他，但排他的成本过于昂贵，经济上不可行。

非竞争性是指消费者消费某产品时并不影响其他消费者从该产品中获得利益，即消费者之间不存在争抢，最后一个消费者的增加，不存在机会的饱和以至于必须增加产品的提供，也就是说，增加一个消费者引起的社会边际成本为零。

（2）混合产品及其特征

按照社会产品的竞争性和排他性特征，产品可以划分为私人产品和公共产品。同时，现实生活中的许多产品两种特征兼而有之，每种特征都不是那么纯粹，这种介于私人产品与公共产品之间的产品称为混合产品。

混合产品可以概括为：具有非排他性与竞争性的混合产品、具有排他性与非竞争性的混合产品。有时这一特征被简单地称为拥挤性和局部排他性。前者如城市道路与广场，后者如博物馆和铁路。混合产品因为具有有限的非竞争性和非排他性，因此也被称为准公共产品。

（3）公共产品的提供主体

一般来说，私人产品主要由市场来提供，而公共产品主要由政府来提供，这是由市场运行机制和政府运行机制的不同所决定的。

市场是通过买卖提供产品和服务的，市场买卖要求利益边界的精确性。私人产品具有竞争性和排他性的特征，这意味着私人产品具备市场提供的条件。

公共产品是具有非竞争性和非排他性的产品。非竞争性，即增加一个人消费的边际成本为零，按照市场有效配置资源的要求（价格取决于边际成本与边际效益的等量关系），不应该向消费者收费。在这种情况下，理性的生产者将不愿意为市场提供这些产品。非排他性，意味着消费者无论付费与否，都可以消费产品，在这种情况下，消费者就会产生"免费搭车"心理，理性的消费者将不愿在市场上购买，于是，市场无法达成该种产品的交易。即使有人愿意提供这种产品，其数量也极其有限，根本无法满足社会经济发展的需要。因而，公共产品的非竞争性和非排他性决定了市场不能有效地提供这些产品。鉴于市场不能有效配置公共产品，因此需要公共部门来提供这种产品，保证社会经济的正常运行和发展。

对于混合产品，因为非排他性和非竞争性的不完全而导致了采用市场提供的方式也会存在一定的效率损失。因此，混合产品也应该成为公共部门提供产品的一个组成部分。当然，与公共产品不同，混合产品可考虑采用市场提供与公共提供相结合的方式。其中，公共提供的份额应该建立在成本-效益分析的基础之上，从而既能较好地避免市场提供可能造成的消费不足的效率损失，又能有效地防止公共提供可能造成的消费过度的效率损失。①

（4）文化产品的公共产品特征分析

①排他性与非排他性分析。市场上销售的唱片，不付费购买便没有办法获得该唱片，便被排斥在消费利益之外，其是具有排他性的。再比如，收费的博物馆，通过门票制度轻而易举地将不付费的消费者排斥在外，也是具有排他性的。

所谓非排他性，可以是在技术上难以排他，也可以是在经济上难以排他。例如，以无线信号发射的电视节目，任何想收看的观众，不用付出任何收视费用都可以收看到，不被排斥也很难被排斥在消费利益之外。

②竞争性与非竞争性分析。所谓竞争性，指消费者之间存在机会的竞争，如果后来者想要享用同样的消费品，需要支付成本创造出其他的机会。比如，一个收藏家购买一幅画作，世界上仅此一次机会，被他所购买，后来者损失了"享用"该画作的机会。再比如，一张经典唱片，市场上有 n 个复制品销售，每销售一张，其他消费者便失去一次机会，但是还可以付费购买另一张同样的唱片，产生边际成本。当市场上的复制品接近售罄时，竞争性增强，往往市场价格会上升。

所谓非竞争性，是指消费者之间不存在机会竞争，每一个新增加的消费者的边际成本均为零。比如，免费开放的湖南省博物馆，一个消费者参观了该博物馆的马王堆汉墓出土文物，接下来的若干个消费者依然有机会参观，他们的消费质量是一样的。但是，当消费者蜂拥而至，导致博物馆的接待数量接近能力极限时，就产生了竞争性的问题，后来者将损失消费机会，无法顺利进入博物馆。

同时，讨论文化产品的非竞争性时，还有一个特殊的情况应当重视，就是文化产品在历史纵向上的非竞争性。文化产品的消费方式可能是阅读、欣赏、聆听等，这种消费不会将文化产品吃掉、用掉，反而可能在人们的共鸣中强化了其文化价值。优秀的文化产品可以通过

---

① 寇铁军. 财政学教程［M］. 大连：东北财经大学出版社，2006.

复制、收藏与保护等手段获得永久的生命力。人们可以自由地选择某一时代某人创造的文化产品加以消费，并且不必担心它会在消费中立即消失。

（5）文化产品中的私人产品、公共产品和混合产品

文化产品不能一概而论，在文化产品范围内，包括私人产品、公共产品和混合产品三种类型。绝大多数的文化产品具有公共产品属性，但是，纯公共产品相对少一些，大部分属于混合产品（见图 2-3）。

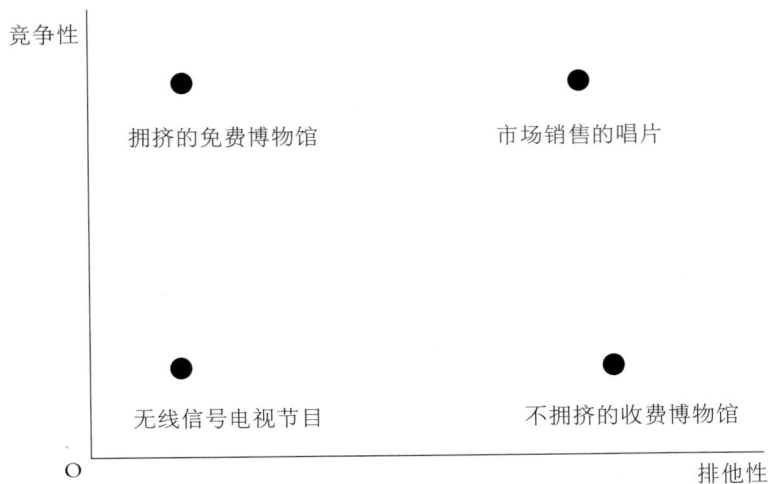

图 2-3　文化产品的公共性特征示意图

私人产品是同时具备竞争性和排他性的产品，其收益和成本可以基本内在化，在图 2-3 中存在于右上角区域。书刊、音像制品等都属于该范畴。根据市场法则，这类产品由市场供给是有效率的。许多与流行时尚比较靠近的文化活动，市场都有对其进行最优配置资源的能力，政府不必介入。但是，如果存在产生负面社会效果的文化产品，比如色情文化产品、宣扬暴力血腥的文化产品、致瘾的文化产品、网络水军等，政府还是要如同维持一般市场秩序一样，加以规制。这并不违背经济规律，而是弥补了市场的缺失。

纯公共产品具有非排他性和非竞争性的特征，在图 2-3 中存在于左下角区域。无线信号的公共广播、公共电视就是比较典型的纯公共产品。一方面，没有什么能够将某个居民排除在广播电视信号

的覆盖之外，这样做太难或成本太高，具备非排他性；另一方面，一户居民享用上述的广播电视节目，并不影响千家万户居民同时享用，他们之间不产生竞争关系，增加享用者边际成本为零，具备非竞争性。

有些文化产品拥有非排他性，但是不具备非竞争性。例如，开放性的历史遗迹、自然景观和文化活动场地，它们是公共的文化资源，任何不付费的消费者都没有被排除在外，都可以享用；但是，当这些地方产生拥挤时，前面享用的消费者已经影响到后面的消费者，拥挤到一定程度，再增加消费者，便需要增加成本，提供更多的同质文化产品，边际成本不为零。问题是，有些景观可以复制，有些不可复制，对于不可复制的那些文化产品，就得想办法在技术上排他，以解决拥挤问题，这便涉及下面一种情况。

另一些文化产品拥有非竞争性，但是具有排他性，如图书馆、博物馆、电影院、剧院、有线电视等，它们都有一个临界的拥挤点，在未达到拥挤点前，消费具有非竞争性，增加一个消费者并不会影响其他消费者从该产品中获得的利益，也不会因此而增加成本，边际成本为零。一旦达到拥挤点，再增加消费者就会影响其他消费者对该物品的消费；或者为满足所有消费者的消费需求，需要增加产品供给。总之，边际成本不为零。所以，这类文化产品的非竞争性是有限的非竞争性。这类产品在技术上很容易排他，通常设有收费口，或者即使不收费，也设有限制消费者数量的出入口。

（6）文化产品的提供主体

和一般的产品相同，当文化产品处于图 2-3 的右上方区域时，文化产品属于私人产品范畴，提供主体应该是市场；当文化产品处于左下方区域时，文化产品属于纯公共产品范畴，提供主体则是政府；在文化产品的其他广阔区域，文化产品属于准公共产品，需要政府的介入。但是这些产品的混合属性决定了它们既具有鲜明的公共性特征，又可能具备一定的盈利空间，私人部门能够通过经营这部分文化产品获得成本补偿并实现利润目标。因此，这类文化产品的供给，可以在政府适当介入下，依靠市场配置，发挥私人部门的效率优势。这时政府介入的目的主要在于确保公众对此类产品的可及性，确保其中某些必要的公益性质。

2.1.3 文化事业中的市场失灵分析

（1）市场失灵的含义与一般表现

依照完全竞争市场下效率实现的理论标准，市场调节可以是一种有效率的运行机制。但现实的市场经济运行中存在着本身固有的缺陷和不足，经济学上称之为"市场失灵"。所谓市场失灵，指的是在市场充分发挥其资源配置基础性作用的基础上，市场天然无法有效配置资源，而引起的收入分配不公平及经济社会不稳定的态势。它的主要表现有资源配置失效、收入分配不公和宏观经济不稳定三大方面。资源配置失效的具体表现中，有很多都能够解释文化市场中的现象。

①信息不充分也不对称。完全竞争市场要求消费者和厂商享有充分的信息，但是现实生活中信息不对称现象在产品市场、劳动力市场以及资本市场中普遍存在。在信息稀缺的情况下，投机的冲动使信息垄断者不会按竞争规则行事，市场参与者也不可能作出符合实际的最优化决策，因此资源配置将损失效率。为了保证竞争规则不被违反，政府也只能根据事后的判断，利用法律措施对违反规则者进行惩罚，规范信息市场，以信息公开促使信息来源增大，但也不可能完全消除这个弊病。因此，信息问题是阻碍现实经济生活中实现资源最优配置的根本性原因之一。

②竞争失灵。现实市场中的每一种商品都是有差异的，所以每一个厂商都具有某些垄断因素。在规模报酬递增而扩大生产经营规模受到阻碍的情况下，市场竞争者减少。如果市场上无论卖者或买者只有一家，则产生卖方或买方的完全垄断；如果市场上仍然存在多家卖者或买者，这种市场被称为垄断竞争市场。现实生活中多数市场接近于这种类型，即市场竞争不充分，市场是不完全竞争的市场。竞争失灵存在多方面的效率损失：产量受到限制，缺乏尽可能降低成本的竞争压力，消费者的福利受到额外损失；垄断者不再积极地推动技术进步；垄断者追求超额收入的寻租活动本身会造成资源浪费，等等。因此，竞争失灵阻碍资源最优配置。

③外部性。某项经济活动将一部分成本或者一部分收益落到了行为主体之外的其他人身上，在市场交易之外影响他人的福利。这使得交易价格无法准确地反映经济交易的全部边际社会收益或边际社会成本，价格信号失真。依据失真的价格信号所作出的经济决策，将使资源配置损失一部分效率。外部性有正外部性和负外部性之分。产生正外部性的经济活动无偿给他人带来利益，产生负外部性的经济活动则对他人施加了额外成本。

④购买意愿不合理。个人购买意愿的合理性是保证市场竞争结果合理的前提。但在现实的市场中，人们的各种愿望和要求并非在任何场合都是合理的。即使是在信息完全的情况下，人们也会由于习惯、疏忽或缺乏远见等原因作出不明智的选择。某种东西能给人带来较大的利益，但消费者本人却没有意识到这一点，只给予它较低的评价，如教育、高雅艺术等，即优值品；而某些东西给人们带来的好处并不大，甚至有害无益，但消费者却给予较高的评价，如香烟、网游等，即劣值品。"优值"或"劣值"都不是对产品本身自然属性的评价，它只是表明消费者购买意愿存在问题。

⑤收入分配不公平。在完全竞争的市场经济中，个人的收入分配取决于初始的要素禀赋分配，而这种初始禀赋的分配状况并不公平，长期累积的结果则更不公平。而且在现实经济中，不完全竞争和垄断的存在，以及家庭关系、社会地位、性别种族差异等因素，使得个人收入增加了不公平因素。

⑥宏观经济不稳定。市场经济从宏观上看呈现不稳定性，经济周期的变化是不以人们意志为转移的，大萧条的深度、广度及时间上的长度，说明市场不是万能的。

（2）解决市场失灵的对策

市场缺陷是客观存在的，政府的经济职能仅仅是市场缺陷的逻辑延伸。从一定意义上说，为了弥补市场缺陷和纠正市场失灵，现代市场经济国家的政府在社会经济生活中扮演着公共产品的提供者、负的外在效应的消除者、收入和财富的再分配者、市场秩序的维护者和宏观经济的调控者等角色。①

（3）文化市场的市场失灵

①文化市场的信息不对称。实际上这个问题在中国古代早已有生动的描写，典型的如"滥竽充数"的故事。信息不对称问题在如今的文化市场领域普遍存在，譬如，文化产品的文化价值信息，并不是市场参与者都平等地拥有。很多文化产品，文化价值只有专业人员才能鉴定，像字画和古玩的鉴定、交响乐和舞蹈的真实水准等。在这种市场上存在严重的信息不对称，消费者处于极为不利的地位，一方面很容易被无良专家误导而花大笔的冤枉钱，另一方面可能由于意识到信息不对称而采取保守手段不消费该文化产品，无论是前者还是后者，都是资源配置的效率损失，也是社会福利的损失。再比如，消费者缴纳有线电视费才能看电视节目，在缴纳该笔费用之前，并不能详细地知道收看到的电视节目的好坏、节目中插播广告的多少、电视中的歌手是否假唱等，消费者无法根据自己掌握的足够信息来决定市场价格和是否付费。还有，消费者选择看电影，当他要在众多电影作品中选一部来看时，他可能主要根据的是市场上的影片介绍、得奖情况、票房水平等，如果评奖幕后和票房统计都被商家操纵运行，消费者将陷入商业炒作陷阱和评价陷阱当中，完全处于信息不对称的弱势方而被欺骗，电影市场的市场失灵就出现了。在报纸行业，也存在信息不对称问题。在市场经济条件下，报纸的发行量是影响读者认购和广告商投资的重要信息指标。一般情况下，读者总是倾向于购买发行量大的报纸阅读，而广告商总是更愿意选择发行量大的报纸做广告。如果市场上没有建立健全真实披露报纸发行量的机制，则买方（读者和广告商）很容易被卖方（报社）的信息垄断所迷惑，做出不够明智的市场决策。

②文化市场的竞争失灵。如果某些市场产品的提供者大到足够影响市场价格，那么市场竞争就会趋于失灵，出现寡头垄断甚至完全垄断。许多文化市场领域恰恰具有这种特点。文化遗产、视觉艺术、明星的表演等，文化价值都在于它的独一无二性，从这个意义上说，这些文化艺

---

① 寇铁军. 财政学教程［M］. 大连：东北财经大学出版社，2006.

术的所有者都是垄断者，垄断者的定价往往高于商品的边际生产成本。一座城市，通常只有一个或接近单一的文物机构、博物馆、歌舞剧院、芭蕾舞团、京剧院、电台电视台等。这些便是垄断者，如果任由这些主体仅仅遵循市场取向，它们有机会垄断定价，获得垄断利润，带来的结果是：一方面，它们提供的文化产品，达不到文化产品市场需求所期许的产量和质量；另一方面，它们"吞食"了一部分消费者的社会福利并将其转化为它们获得的垄断利润。因此，这种文化市场的垄断带来社会福利的损失。

③文化"优值品"与"劣值品"问题。文化市场为了追求利润份额，千方百计点燃消费者的消费欲望，于是市场上会有封建迷信的文化产品、低级刺激的文化产品，这些文化产品在一些消费者看来迎合了他们的胃口，满足了他们的消费需求，而实际上这些文化产品对消费者以及社会的积极影响却没有那么大，实际效用很低。但是，这些文化产品暂时可能获得很高的市场价格，这是劣值品；而另一些文化产品，可能暂时满足不了人们迷信、刺激的需要，人们认识不到该文化产品可能带来的心智提升，以及潜在的未来收益，因此消费意愿很不强烈，这样的文化产品无法获得丰厚的市场利润。正所谓"劣驱逐良"，这也是市场失灵的表现之一。

④文化市场的外部性。文化产品在生产和消费的过程中，常常对第三方产生溢出效应。那些不可复制的、具有研究价值的自然遗迹、人文遗迹和遗产，具有代际传承的价值，并且对没有生产或保护它们的那些社会成员同样带来利益。一个保存完好的古城，全体居民的生计可以围绕着古城而展开，人们可以收入丰厚、衣食无忧，并且可以多代传承。对文化的保护能给后代留下更大的选择空间，提高后代的福利水平。图书可能有助于公民素质的提高，使读者成为更好的公民，更进一步提升国家和民族的实力，这是图书的外部性之一。所以，深谙图书出版业的美国出版家达塔斯·史密斯有这样一段论述："正像一个能启动并控制一架巨人机器的小开关，或像一个能向遥远地域提供动力的电力系统一样，图书出版业也是一把钥匙——一个国家图书出版业的发展，对于该国的教育、社会、经济的发展至关重要，因而也影响到整个民族的素

质."①大众传媒也具有明显的外部性特征。它使人们可以免费获取有用信息，行使文化传承功能、舆论监督功能，维护社会公正，促进社会进步。

文化产品除了能够带来直接的市场价格收益外，还能够带来间接的市场收益，促进经济发展。文化场馆如果能吸引观众消费，周围的商店、餐馆、旅馆、交通运输业都会随之火爆。一座拥有巨大文化公共资源的城市，如北京、上海，会吸引众多外来人员安营扎寨、举家移民，从而给该城市带来经济发展不可或缺的人力资源。文化能促进一个地区的经济发展，也能促进一个国家的经济发展。比如韩国，文化把韩国经济推向腾飞，韩国流行文化在让全世界的人们耳目一新的同时，也为韩国带来巨大的经济利益。以影视为龙头，韩国的音乐、游戏、动漫等文化产业抓住机遇紧跟其后，带动了韩国的创意设计、传统食品、工艺品、服饰、电子产品、其他工业产品等领域的国际市场，为韩国创造了惊人的出口贸易额。中国超市里的进口食品专柜，韩国食品能占半壁江山；中国的服装服饰市场上，韩版服饰几乎成为时尚的代名词；手机市场上，三星已经成为许多年轻一族心中超越苹果的首选。韩国符号已经深入东亚、东南亚、欧美地区的年轻人心中，"韩流"还将风靡多久，吸金多少？无从知晓。

当然，文化产品并不是完美的，上面说的都是文化产品的正外部性的具体表现，实际上，它们也有典型的负外部性的表现。如果文化产品的内容展示滥性与暴力、粗鄙与恶毒，它们就会有消极和负面的影响。这种负面的影响可能在某些特定的情况下是巨大的、令人痛心的，比如不良的文化产品导致青少年犯罪等。为此付出成本的是犯罪分子、受害者和整个社会——犯罪分子受到惩罚，社会损失了人力资源，社会损失其他可能的经济资源；但是，诱使他们犯罪的出版商、传媒公司却没有为此付出任何惩罚性的成本。

（4）解决文化市场失灵的对策

同一般市场失灵的弥补方式相同，政府成为弥补文化市场的市场失

---

① 史密斯. 图书出版指南 [M]. 彭松建，赵学范，译. 北京：华夏出版社，1994.

灵的主体，政府有时是文化产品的直接提供者，有时是文化产品的间接提供者，有时又是文化产品的规制者。

2.1.4　文化事业中的政府失灵辨析

当市场出现"市场失灵"时，人们把目光转向另一种机制，希望借助政府的力量解决市场失灵带来的一系列问题。但当政府参与到经济活动中时，能否以最高的效率和最低的成本进行资源的配置，实现社会福利的最大化？事实上，政府和市场一样并不是完全有效率的，也会产生政府失灵的问题。

（1）政府失灵的一般分析

政府对市场经济的干预并不是保证市场经济有效运行的充分条件。市场有缺陷，政府行为也同样可能有缺陷。正如布坎南所指出的：20世纪中叶出现的理论福利经济学是"市场失效理论"，而在 20 世纪下半叶出现的公共选择理论则是与之相对应的"政府失灵理论"。以布坎南为代表的公共选择学派把政治制度视为一个普通的市场——政治市场。在政治市场上，政治家和官员的行为有一部分是受个人利益而不是社会公共利益的驱使。因此，政治家的行为结果可能是低效率的。建立在这样的理论分析基础上，公共选择学派否定了国家干预经济的必要性。政府失灵，就是用政府活动的最终结果判断的政府活动过程的低效性和活动结果的非理想性。

①宏观经济政策的失灵。从政策制定和实施的成本来看，当政策运行的直接成本和政策运行的机会成本大于政策实施所带来的收益时，该项政策对于社会福利的影响为负值，形成政策失灵。从政策的实施过程来看，政策执行、实施中各种时滞的存在，导致政策极易在不适当的时候发挥不适当的作用。此外，政策的制定、实施和发生效果的过程，实际上是一个博弈或互动的过程。市场运行中的经济主体会对政策出台进行理性预期，并对可能损害本身利益的政策采取防范措施；在政策出台后，各经济主体仍会从维护自身利益出发采取相应的对策。这样政策实施的效果就会有很大的不确定性，难免出现政策失灵。

②政府行为失灵。政府行为失灵有两个方面的原因：一是政府活动

的成本和收入分离，缺乏降低成本的激励。由于维持政府活动的收入和生产这种收入的成本无关，那么在维持一个给定的政府干预或调控行为时，就会使用较多的资源而非必要的资源，即支出较多的实施成本，或者是为了弥补一定的市场失灵而相对实施了更多的干预、调控行为。二是政府活动、行为缺乏提高效率的激励。此外，政府某些部门和工作人员所提供的服务也具有垄断性，只要符合程序，就没有必要去努力追求高效率。

③政府职能失灵。政府职能失灵可从两个方面考察：一是政府任意扩大自己的职能范围，滥用政府权力，从而损害了市场正常运行的机理，甚至非但没有弥补市场失灵的缺陷，反而致使市场运行混乱，加剧资源配置的失衡和失效；二是由于政府机构缺乏市场组织那样的直接约束，必然产生出一些脱离履行公共职能的组织目标，如追求政府工作人员的非货币工资收入最大化、追求机构规模的最大化及追求预算支出的最大化。

④政府作用失灵。政府作用失灵至少有三种情况：一是政府干预市场、弥补市场缺陷的措施可能产生无法预料的副作用；二是政府干预市场的一些政策手段之间存在相互牵制、作用相向的关系，难以有效实现预期效果；三是政府在纠正市场分配不平等时，其自身的活动有意或无意地发挥着产生新的分配不平等的作用，这一方面表现在财富或收入的再分配上，另一方面表现在政府权力和特权的行使上。

（2）解决政府失灵的对策

作为针对政府失灵的对策，西方国家在20世纪80年代的经济实践中倾向于减少政府干预、实行私有化等强调市场机制作用的政策。这种倾向反映了经济学思想的演进，但并不完全否定政府的作用。研究政府失灵实质上是从反面进一步认识和论证政府职能。其目的是正确处理市场经济中市场调节和政府调节的关系，从而更好地把握政府干预的范围、方式和力度，以减少或减轻政府失灵的程度，提高政府效率。

（3）文化事业的政府失灵

①文化事业中的政府行为失灵。这方面的表现在实际中是很多的。比如，文化事业支出资金使用效率低下，缺乏激励机制和效率约束，文

化事业单位沦为"养人"的地方，各部门只做利益博弈，忽视产品和服务的提供，不积极地向社会提供优质的文化产品与服务。财政负担重，广大居民并没有从中得到多大文化福利。再比如，图书馆、博物馆、文化场馆，如果免费开放程度不够的话，就会使得基本公共服务得不到满足，政府的文化服务提供活动效用降低。

②文化事业中的政府职能失灵。这可以表现在文化事业的职能越位问题，一方面，政企不分、政资不分、政事不分、政府与市场中介组织不分等，不该由政府管理的事项，政府大包大揽了很多，造成政府权力过大，管得过多，财政资金用在很多低效和不该用的地方，而另一方面政府没有将基本公共文化服务提供好。

③文化事业中的政府作用失灵。这可以表现为政府干预文化市场的措施，产生了事先未预料到的副作用，比如，政府支持某类影视作品的制作和播出，造成该类影视作品的泛滥，也可以表现为政府干预文化市场的一些政策手段相互牵制而不是互相促进，在有些国家曾经有过企业对政府的过度版权保护政策提出质疑，认为这与政府的文化促进政策相违背。

（4）解决文化事业政府失灵的对策

针对文化事业中的政府失灵，根本措施应当是明确界定政府的职能范围，明确文化事业与文化产业的界限。在此基础上，文化事业的财政投入需要提高效益。提高支出效益，可以通过改善投入方式，如以奖代补、采取文化基金形式、文化事业变"养人"为"转企改制"、政府到文化市场购买文化产品再公益性提供给社会等，也可以通过制度与体制建设，如将某些文化事业转为企业经营、完善文化管理制度、政府文化管理职能转变等。

2.2　文化事业发展中的政府责任界说

2.2.1　政府责任定位的理论归纳

（1）提供公共性的文化产品

公共产品理论认为通常私人产品主要由市场来提供，公共产品主要由政府来提供，这是由市场运行机制和政府运行机制的不同所决定的。文化产品中有大量准公共性的公共产品，这其中又有许多种不同的情况需要区分对待。总体来看，具有不同情况公共性的文化产品决定其在供给上有不同的选择模式。

①纯公共性文化产品。对于这种情况，应当由政府供给，通常以公益性文化事业的形式兴办。由于此类文化产品具有非排他性和非竞争性，市场主体天然缺位，所以应该由政府供给。完全符合这类标准的文化产品较少，典型的例子有无线信号的公共广播、公共电视。再比如，某些文化遗产和遗迹，排他难度大，又没有竞争性，通常是社会最为珍贵、价值无法估量的财富，而保护好文物和文化遗产，则是社会的共同利益，任何社会成员，都可能处于文物或文化遗产的荫庇之中。由于产权归属问题、投入资金的规模问题，以及投资与收益不对等问题等，这些文化产品难以找到恰当的市场主体来提供，政府成为承担责任的不二寄望。当然，如果某些文物和文化遗产在技术上能够做到一定程度的收益内部化，吸引其他市场个体参与完成保护职责，当然也是好事，那就得另当别论。

②一方面具有非排他性，另一方面竞争性较强的准公共性文化产品。可以考虑政府供给，通常以公益性或半公益性文化事业的形式向社会提供。该类物品的供给，很难对不同的消费者进行区分并将免费搭车者排除在外。同时，竞争性的存在，使得该类文化产品的消费很容易拥挤，影响后来者的消费。在这种情况下，私人部门通过市场供给，难以获得合理的回报，从而造成该类文化产品的市场供给不积极，所以政府有责任承担起该类文化产品的供给。如开放性的历史遗迹、自然景观和文化活动场地，就属于这种情况。在许多城市都有这样的地方，年代久远的教堂、庙宇、戏台、宗祠、牌楼等，散落于市区、街区中，它们具有很高的文化价值，需要保护，人们需要这种典型的文化产品，但消费又难以排他，出于投资回报的考虑，市场上没有理性投资人愿意出资保护此类文化产品，它们需要政府出资履行保护维护的职责。

③一方面具有非竞争性，另一方面具有排他性的准公共性文化产品。可以考虑市场配置。此类文化产品，属于可以收费、群体共同消费

的项目。由于可以将搭车者限定在受益范围之外，所以投资方存在投资动力，只要投资收益率达到一定水平。但是，这里还需要具体区分一些不同的情况：

对一些具有自然垄断特征的文化产品，虽然市场存在供给的动力，但是不能任由市场配置，而是应当成为政府公共定价行业或者由政府兴办的事业，至少政府应该加以有效的规制。因为，这些项目如果任由市场配置，垄断会造成社会福利的损失。譬如广播电视产品的供给，广播电视设施前期的投入巨大，一旦建成，后期的成本投入很少，具有自然垄断特性。该行业的市场投资动力很大，很容易获得市场的资金支持。政府掌握该行业的投资，适当允许私人投资，并且有线电视节目收视收费定价采取公共定价，允许广播电视广告的市场化等。

对于诸如图书馆之类的文化产品，项目的前期投资巨大，项目建成运行后需要不断注入资金，边际成本始终具有一定规模，这样的文化产品，市场投资压力太大，必须靠高收费才能满足市场的投资收益率的期望，这使得消费者的消费受到抑制，福利受到一定损失。而这种文化产品从社会效益角度考察属于基本文化需要，应该面向大众。如果该项目按市场规则定价，只能实行高收费弥补成本，结果是只能针对小众，满足不了大众要求。同时，面向小众，又会产生收益率低、弥补不了成本的问题，市场投资动力不足。总之，政府应该责无旁贷地介入此类文化产品的配置，采取低价、免费等福利性措施，以公益性文化事业的形式向社会提供。

对于电影院、剧场之类的文化产品，虽然前期投资规模适中，投入运行后也需要不断有资金支持，但是私人投资能够承担得起，采取市场定价、市场运行，完全能够获得可观的投资收益率，市场投资动力强劲，这类文化资源的配置，政府应当让位于市场。

总之，对于不同的准公共性文化产品，需要区分不同的社会效益要求与市场配置能力，在政府与市场之间进行合理的分工。

（2）弥补文化市场失灵

讨论文化市场失灵问题，主要应该从微观层面讨论文化市场的资源配置失效的若干情况。对于文化市场的资源配置失效，政府需要介入。

①针对信息不对称的政府介入措施。对于天然具有巨大信息不对称优势的一些文化行业，如文物古玩鉴定和研究、专业艺术评奖等，可以由政府兴办文化事业，将拥有信息优势的特殊人员确定为政府事业性质人员，尽量割裂信息垄断者与市场利益的关系，以求得信息披露的公正和可控。或者政府需要对市场加以规制，以法律形式强制信息披露等。

②针对垄断问题的政府介入措施。对于一些具有垄断地位的特殊人员，政府可以通过"收买"人员来疏离垄断者与市场的关系，从而避免该人员获得垄断机会。对于某些具有自然垄断特性、投入资本巨大的文化项目，政府应当以事业形式来兴办，比如电台电视台、博物馆、文物机构等。对于一些文化艺术类的技术垄断单位，如高水平的歌舞团、剧团、乐团等，可以采取市场化运行，同时政府适当规制，并且给予一定量的政府购买演出，满足社会公共文化服务的需要，满足社会大众对一定量的艺术演出欣赏的公共需求。

③文化"优值品"与"劣值品"的政府介入。文化"优值品"在最初往往被忽视其真正价值和潜在收益，因此获得不到丰厚的市场利润；而文化"劣值品"通常更会采取迎合战术而取得市场成功，而实际上它对消费者和社会意义不大，甚至影响很坏。市场解决不了"劣驱逐良"的问题，政府应当适当弥补市场在这方面的缺陷，加以引导和纠正。为此，"优值品"一般不能通过市场的价格机制进行分配，而是基于价值和需要，由政府干预分配。比如，政府采取直接提供、低价、间接购买并补贴、强制消费等措施，修正市场偏好，典型的如公益性文艺演出、博物馆免费开放、高雅音乐政府资助等。对于"劣值品"，政府必须加以规制，比如"扫黄打非"、禁止危害极大的封建迷信活动、规范网络秩序等。

④针对外部性问题的政府介入。文化产品如果具有负外部性，政府应当加以规制，采取法律、经济手段使外溢的社会损失内部化，尽量减少社会损失。对于文化产品的正外部性，政府应当令其发挥作用，为此，政府应当兴办许多具有正外部性的文化事业，以改善市场主体因为正外部性问题而不愿提供的状况，比如公共图书馆、博物馆、群众性文化事业等。

2.2.2　政府责任边界的提出

在广阔的准公共产品范围内，政府介入文化产品的配置，需要明确责任的边界。政府提供带有公共性质的文化产品，并不是指政府一定要直接兴办文化事业、直接参与生产文化产品。政府应当充分认识市场的配置能力和政府失灵的问题，能交由文化市场配置的，政府绝不干预；真正需要兴办的社会公益文化事业，政府责无旁贷；能够从文化市场购买的文化产品与服务，考虑到效率优势，政府应该从文化市场购买，而不是兴办文化事业。总之，政府需要做到不越位，也不缺位。

另外，在准公共产品的区分中，政府还需要审时度势，随着历史时期的不同调整政府的职能范围，有些过去不需要政府免费提供的，也许现在需要政府免费提供，有些过去政府提供低效率的，现在可以交由市场来完成配置。

第3章 我国文化事业及其财政投入的基本分析

3.1 对我国文化事业的再认识

3.1.1 我国文化事业体系构成——广义文化视角的架构

之所以要强调"广义文化",一个主要原因是有别于传统的预算科目"文化事业费"所指向的文化事业内容。本书所谈及的文化事业,都是指的"广义文化",也有人称其为"大文化",范围囊括四项:文化演艺(即预算科目中的文化)、文物、广播影视、新闻出版,这是广义的文化事业。以上四项又可以归并成为两大类别:前两者归并为文化和文物事业,后两者归并为新闻出版广电事业。

(1)文化演艺事业(文化事业)

该类事业包括的机构有艺术表演团体、艺术表演场馆、图书馆、群众文化机构等。艺术表演团体是指各类艺术形式的表演单位,包括的艺术种类繁多,具体有:话剧、儿童剧、滑稽剧团;歌剧、舞剧、歌舞剧团;乐团、合唱团;文工团、文宣队、乌兰牧骑;戏曲剧团(包括京剧);曲艺、杂技、木偶、皮影等戏团剧团等。我国目前的演艺单位,绝大部分已经转企改制成为文化企业，不考虑新疆和西藏的话，全国只有100多所保留事业单位性质的国有文艺院团。如果政府需要向社会提供演艺活动的话，通常采取政府采购的形式从文化市场购买各个演艺院团的演出服务，这样同样能够达到提供公益性文化演艺事业的效果。

图书馆，在这里主要是指文化文物部门所属的各级公共图书馆，包括中央级和省市县级图书馆、各级少儿图书馆，这些公共图书馆承担着收藏、借阅、展览图书及读物的职能，提供的读物包括图书、盲文图书、古籍善本、报刊、视听文献、缩微制品、电子图书等，为全国人民提供相应的基本公共文化服务，属于公益性文化事业。

群众文化机构分布广泛，是最基层的文化阵地，包括省市县各级文化馆、乡镇文化站、群众艺术馆、开放的公共阅览室、群众文化活动的其他设施等。这些基层文化机构是文化系统机体中伸向基层群众的触角，为广大居民提供各种文化产品和服务，如组织节庆活动、组织文艺活动、组织文化培训、举办展览、组织公益讲座等，为社会各阶层，尤其是基层的普通民众，包括老年人、未成年人、残障人、农民工等特殊群体，提供了基本公共文化服务，属于公益性文化事业。

（2）文物事业

我国的文物事业承担着物质文化遗产保护和非物质文化遗产保护两大任务。目前我国的文物事业主要包括文物保护、文物科研、博物馆等事业。

文物保护机构，是指中央及省市县级的承担不可移动文物保护及部分文物收藏地、展示地的保护与管理任务的机构，既包括文物部门所属的文物保护机构，也包括宗教部门、园林部门等其他部门所属的一些文物保护机构。这些机构，承担着重要的文化遗产保护任务，是文物事业的重要组成部分。

文物科研机构，承担着考古研究、古建筑研究及文物保护研究的工作，也承担着部分文物保护、文物展览的职能，是文物事业的基础组成部分。

博物馆，用来征集、典藏、陈列和研究具有特殊意义的事物的场所，这些特殊意义的事物，主要是指代表自然和人类文化遗产的事物，有科学、历史或艺术价值的事物。博物馆为公众提供知识、教育和欣赏的平台，其中大部分免费开放。博物馆承担着重要的基本公共文化服务的职能。博物馆涉及的领域实际上并不局限于文物系统内部，而是包括文物系统和非文物系统两大块，按照专业类型分，包括综合性博物馆、历史类博物馆、艺术类博物馆、自然科技类博物馆及其他博物馆。

（3）广播影视事业

广播电影电视文化领域，是一个以播放为核心传播手段的庞大的文化帝国，为广大受众提供广播、电视、电影类的文化产品与服务，承担着宣传、新闻传播、文化艺术传播、文化娱乐、科学教育等功能，是现代社会中重要的公共文化领域。其中的主要部门包括可供收听的广播网络、可供收视的电视网络和可供影院播映的电影市场体系。广播电影电视系统中，电影业走得相对较远，自成体系，主要以现代企业制度的产业化为主导。广播电视业也走市场化的道路，但是体制特殊，走的是国有事业单位的企业化管理的特色道路，其中也有部分完全引入现代企业制度的公司制企业，总体事业发展异常迅猛。从技术分工层面考察，广播电影电视系统的机构包括设备网络、技术网络、文化内容制作、新闻采编、播报与播映、研究与培训、广电监管等类别，既涉及技术又涉及艺术。

（4）新闻出版事业

新闻出版文化领域，是指以出版发行为核心传播手段的文化传播领域，为社会提供新闻服务、出版服务和发行服务。新闻服务，提供及时的社会新闻信息，是现代社会基本的社会需求；出版服务，包括图书出版、报纸出版、期刊出版、音像制品出版、电子出版物出版及其他出版；发行服务，包括图书批发、报刊批发、音像制品及电子出版物批发、图书报刊零售和音像制品电子出版物零售。我国的新闻出版业，目前已经从旧有体制中完全松绑，绝大部分成为文化企业，文化生产力得到解放，市场"钱"力迸发。同时，新闻出版业也承担国家重大出版项目，全民普惠的出版、阅读，公共文化服务体系建设等文化事业。

3.1.2 广义文化事业的视角选择合理性

（1）符合文化和文化事业的内涵界定

文化是在社会中得以传播开来并且获得一定认同的精神内容的总和，包括宗教信仰、思想意识、道德风尚、科学教育、文学艺术、流行时尚等，是一个社会在精神领域中的历史积淀物和地域标志物，内容异常丰富；文化事业是指非营利性的，从事文化研究创作、文化产品生产和文化公共服务的文化活动。文化和文化事业的含义，决定了文化不仅包括图书馆、唱歌跳舞、群众娱乐，还应该涵盖演出艺术、文化遗产、广播电视和新闻出版等内容。只有将上述内容都纳入研究视野，才能全面描述我国文化事业的样貌。

（2）与国家预算科目的对应

我国 2007 年政府预算科目中，本书研究对象所属的类级科目是"文化体育与传媒"，下涉六个款级科目，分别是"文化""文物""体育""广播影视""新闻出版"和"其他文化体育与传媒支出"。除体育外，这里实质上仅涉及四大系统，即文化、文物、广电、新闻出版。将研究视角作上述调整，符合我国政府预算科目的分设规定，也有利于有分有合地进行文化事业投入研究。

（3）符合国际惯例

当前我国的预算科目设置中有关文化事业的科目，符合国际惯例。许多国家的预算科目设置口径与我国相近。在进行比较研究时，会看到各国文化事业财政投入的描述，大多涵盖了文化演艺、文物博物、广播电视、电影和版权内容。因此，将我国的文化事业研究明确界定在广义范围内，是符合客观实际的做法。

（4）符合我国针对文化事业与文化产业的政策口径

为促进我国文化事业与文化产业的发展，我国出台了许多财政税收政策。这些政策，有些是专门针对一类文化事业的，比如专门针对电影；但是，还有一些国家政策中明文注明，政策是针对所有文化企事业单位的，同时会注明全部文化单位包括新闻出版、广播影视、文化艺术等单位。例如，财政部、海关总署、国家税务总局《关于文化体制改革试点中支持文化产业发展若干税收政策问题的通知》（财税（〔2005〕2号）（执行期限：2004年1月1日至2008年12月31日），针对各类文化单位确定了多条优惠政策，在文件最后专门注明：文化产业是指新闻出版业、广播影视业和文化艺术业，文化单位是指从事新闻出版、广播影视和文化艺术的企事业单位。又如，财政部、国家税务总局《关于文化体制改革中经营性文化事业单位转制为企业的若干税收优惠政策的通知》（财税〔2009〕34号）（执行期限：2009年1月1日至2013年12月31日），针对各类文化单位也确定了多条优惠政策，在文件最后也专门注明：经营性文化事业单位是指从事新闻出版、广播影视和文化艺术的事业单位。类似的情况不胜枚举。这说明，采用"广义文化"的研究视角，符合我国政府支持文化事业发展的政策口径。

（5）有效区分"大文化"与"小文化"

将我国的文化事业作上述界定，还有一个现实的理由是，为了有别于传统的预算科目"文化事业费"所指向的文化事业内容。这个"文化事业"是"小文化"，已经沿用了几十年，内容仅包括艺术表演团体、艺术表演场馆、图书馆、群众文化机构等从事的文化事业，并不包括其他内容。为了以示区别，本书认为有必要明确"广义文化"或"大文化"的称谓。实际上在第2章界定文化相关概念时，本书已经交代清楚，将文化事业的范围界定在了广义范围内。

3.2 我国文化事业提供的公共文化服务

3.2.1 公共文化服务的内涵与外延

公共文化服务在当今是一个典型的中国语境和时代语境的专门名词，它的含义被定位为：保证全体社会成员享受到基本的精神文化产品和服务，保障全体社会成员最基本的文化权益，由政府提供免费或优惠的文化产品和服务。

涉及"基本"二字，公共文化服务自然成为政府职能范围——"基本公共服务"的一个组成部分了。它符合建设公共服务型政府的发展方向，符合基本公共服务均等化的内在要求。加大财政经费保障力度，建立起公共文化服务体系，能够充分体现公共财政"取之于民、用之于民"的原则。

需要提醒的是，不同的社会发展状态，不同的文明程度，会有不同的基本精神文化需求，社会成员的基本文化权益也会不同，所以公共文化服务的内容应该是随着社会的发展而滚动发展的，会不断提出更高的要求。

以提供公共文化服务为直接目标，以政府为主导，以财政资金为支撑，向全社会提供公共文化设施、产品、服务的一整套系统、政策与制度，就是社会的公共文化服务体系。建设公共文化服务体系，是在2005 年中国共产党十六届五中全会首次提出的，现已明确列入中国国家发展的大局规划中。

3.2.2 公共文化服务的基本原则

作为公共文化服务，自然要有其不同于一般文化服务的原则需要遵循，以体现公共性特征。为了充分满足公共性特征，公共文化服务大体要坚持如下一些原则：

（1）公益性原则

公共文化服务提供的是公益性极强的公共物品，追求的是社会效益的最大化，体现的是全体社会成员的共同利益，所以通常公共部门提供的公共文化服务是免费或优惠的。公益性是公共文化服务区别于文化市场上经营性文化服务的基本特征，也是公共文化服务体系建设的根本原则。

（2）基本性原则

基本性原则，是指政府只负责提供基本的公共文化服务，确保公民基本文化权利的实现和基本文化需求的满足，而不是所有的精神文化生活需求的满足。超出基本文化服务的范畴，公民可以通过文化市场获得。

什么是基本的，什么是不基本的呢？情况不同，范围也会不同。考察多数国家，基本的公共文化服务大致包括：公立图书馆、公立博物馆和艺术馆、重要的艺术场馆和艺术团体、公共文化信息服务、文物及重要的文化遗产、重要的文化艺术活动、传统节庆、文化艺术教育、国际文化交流等。

（3）均等性原则

均等性原则，是指每个社会成员在获取基本公共文化服务时，享有均等的权利，包括机会的公平、内容的均等、质量的同质等。追根溯源，基本公共服务的均等性原则，既体现现代公民社会的价值理念，又有着宪法国家充分的法理依据，与基本公共服务均等化的理论保持一致。

在我国这样一个社会发展并不均衡的国度，公共文化服务的均等性尤为重要，它要求政府提供的基本文化服务，既要覆盖中心城市、发达地区，又要覆盖农村、边远落后地区，既要满足常住人口需求，又要想着流动人口、农民工需求。一句话，人人有份。

（4）便利性原则

作为一种面向全体社会成员的公共服务，公共文化服务应当保证人人便于享用，这项服务应当是近距离的、经常性的、容易获取的服务。因此，公共文化服务的设施应当是接近生活区的，或者是布局合理易得的。例如，深圳市政府建立的遍布城市各条街道、总数已达 200 多个的"24 小时街区自助图书馆"，既方便又快捷，它类似于银行的 ATM 机，只要一张身份证，先在一分钟内办一个借阅证，再用一定数额的押金，就可以从橱窗展示的几百本图书里挑选若干本借阅，还可以预约和还书。

便利性原则实际上是要满足基本公共服务的可行性要求。没有便利性，基本公共服务可能就变成了无法真正送出去的福利，也就达不到惠及民生的目的。

3.2.3　我国公共文化服务的主要内容

（1）《国家"十一五"时期文化发展规划纲要》关于公共文化服务的规划内容

2006 年《国家"十一五"时期文化发展规划纲要》中提出"加大政府对文化事业的投入，逐步形成覆盖全社会的比较完备的公共文化服务体系"。具体措施为：

①建立健全公共文化设施服务公示制度，公开服务时间、内容和程序，在窗口接待、场所引导、资料提供以及内容讲解等方面，创造良好的服务环境，增强吸引力。

②完善国有博物馆、美术馆等公共文化设施对未成年人等免费或者优惠开放制度，有条件的爱国主义教育基地的公共文化设施可向社会免费开放。

③实行定点服务与流动服务相结合，鼓励具备条件的城市图书馆采用通借通还等现代服务方式，推动公共文化服务向社区和农村延伸。

④政府提供必要的免费文化服务，采用政府购买、补贴等方式，向基层、低收入和特殊群体提供免费文化服务。

⑤促进数字和网络技术在公共文化服务领域的应用，建设数字广播电视信息平台、数字电影放映网络系统、网上图书馆、网上博物馆、网上剧场和群众文化活动远程指导网络。

⑥积极引导社会力量提供公共文化服务，支持民办公益性文化机构的发展，鼓励民间开办博物馆、图书馆等。

（2）《国家"十二五"时期文化改革发展规划纲要》关于公共文化服务的规划内容

2012 年《国家"十二五"时期文化改革发展规划纲要》中提到，"十一五"时期公共文化服务体系框架基本建立，"十二五"时期的文化改革发展的主要目标之一是：覆盖全社会的公共文化服务体系基本建立，城乡居民能够较为便捷地享受公共文化服务，基本文化权益得到更好保障。具体措施有：

①完善公共文化服务体系。以公共财政为支撑，完善覆盖城乡、结构合理、功能健全、实用高效的公共文化服务体系。推动跨部门资源整合；加强社区公共文化设施建设；推进国家公共文化服务体系示范区创建；制定公共文化服务指标体系和绩效考核办法。

②加强公共文化产品和服务供给。建设并完善设施免费开放的服务；提高公共文化服务数字化、网络化水平；鼓励扶持民族文化产品的创作生产；扩大盲人读书阅览机会；把主要公共文化产品和服务项目纳

入公共财政经常性支出预算；采取政府采购、项目补贴、定向资助、贷款贴息、税收减免等政策措施鼓励文化企业参与公共文化服务。

③加快城乡文化一体化发展。缩小城乡文化发展差距，以农村和中西部地区为重点，加强县及县以下文化单位建设，深入实施广播电视村村通等重点文化惠民工程，消除盲点、提高水准；尽快把农民工纳入城市公共文化服务体系；建立以城带乡联动机制；鼓励文化单位面向农村提供服务。

④支持群众自己兴办文化活动。广泛开展群众性文化活动，支持群众依法兴办文化团体和文化志愿服务。

3.3 我国文化事业财政投入的基本范畴阐析

3.3.1 投入方式分析

政府对文化事业投入的方式有很多，目前我国正处于文化体制改革时期，提倡创新投入方式，目的是节省财政资金，提高财政资金使用效益。

（1）政府直接兴办文化事业

这是最传统的文化事业财政投入方式，政府作为投资主体，使用财政资金建立文化事业单位，不核算盈利，而是拨付事业单位人员经费、运行经费和建设费用，维持文化事业的运转。

（2）政府购买，企业生产

文化基础设施的建设通常都是政府出资，由市场上某些建筑企业、安装企业来承担建设，而并不是政府自己作为建筑者组织人力、购买材料进行建设。许多文化演出团体，属于企业经营，政府可以与之签订购买演出合同，每年购买演出若干场次，作为提供给公共文化服务领域的内容。

（3）特许权收费制度

特许权收费制度对文化事业的投入，是指政府允许文化事业单位向享用某项特殊的文化服务的消费者收取费用，以此作为文化事业运行的资金来源。这种收费的理论根据主要是将文化服务的享用权作为一种特许权，受众需要付费购买该特许权方可享用，目前被普遍地使用在各国的公共广播电视事业中。

（4）政府资助

考虑到某些公共性文化产品的社会收益与市场收益不对称，政府可以对提供这些产品的企业给予经济资助，以确保其提供带有公共性质的文化产品。比如，政府对高雅艺术院团、京剧院团的培育或保护等。

（5）政府的其他政策支持

对于一些需要重点扶持的文化企事业单位，政府可以采取税收优惠、金融担保等政策措施，吸引投资，扶持经营，达到产业布局的目的。

在众多的投入方式中，第一种方式是传统的国家兴办文化事业的方式，沿用了几十年，其他几种投入方式都是新型的文化事业投入方式。这些新型投入方式，可以将市场本身所具有的效率优势与政府的社会效益目标有效地结合，达到良好的经济和社会效果。并且，随着人们收入水平的提高和文化消费水平的提高，原来由政府资助提供的文化事业项目比如高雅音乐，可能越来越获得市场认可，政府的最初资助最终使得该文化项目形成良性的市场供求状态，这时政府便可以不再或减少财政投入。这是政府财政支持文化事业的一个理想结果。

3.3.2 基本投入项目分析

政府对文化事业的支出，是在文化事业的业务活动中发生的各项资产耗费和损失。

（1）按经济性质划分的项目

如果按照支出的经济性质划分，主要项目有三项：基本支出、项目支出、经营支出。除此之外，还有其他一些零星发生的支出项目，如上缴上级支出等。基本支出是文化事业单位为保障其机构正常运转、完成日常工作任务而发生的各项支出；项目支出是文化事业单位为完成特定的事业发展目标，在基本支出之外发生的各项支出；经营支出是文化事业单位额外开展非独立核算经营活动发生的支出。

（2）按经济功能划分的项目

如果按照经济功能来分类，政府对文化事业的支出，同其他事业支出一样，可分为工资福利支出、商品和服务支出、对个人和家庭补助支出、其他资本性支出等内容，这种划分方法将支出项目划分得更细，具体如下：

工资福利支出，是在职职工和编制外长期聘用人员的各类劳动报酬，以及为上述人员缴纳的各项社会保险费等，包括基本工资、津贴补贴、奖金、社会保障缴费、伙食费、伙食补助费、绩效工资、其他工资福利支出等。

商品和服务支出，指文化事业单位开展业务活动中购买商品和服务的支出（不包括用于购置固定资产的支出、战略性和应急储备支出等），包括办公费、咨询费、水电费、取暖费、物业管理费、交通费、会议费、培训费、招待费、工会经费、福利费等日常公用支出。

各种税金支出，指事业开展过程中向国家缴纳的各种税金，如车船税、土地使用税、城市维护建设税、印花税、教育费附加等，不包括从基本建设支出、结余和收益中支付的税金。

对个人和家庭补助支出，反映政府对个人和家庭的补助支出，包括离休费、退休费、退职（役）费、抚恤金、生活补助、救济费、医疗费、助学金、奖励金、生产补贴、住房公积金、提租补贴、购房补贴以及其他对个人和家庭的补助支出等。

抚恤金和生活补助，抚恤金指按规定支付给烈士家属、牺牲病故人员家属的一次性和定期抚恤金、革命残疾人员的抚恤金、离退休人员等其他人员的各项抚恤金；生活补助指按规定支付给优抚对象、退伍军人的生活补助费，行政事业单位职工和家属生活补助费，因公负伤等住院治疗补助费，住疗养院期间的伙食补助费，长期赡养人员补助费等。

基本建设支出和其他资本性支出，基本建设支出是各级发展与改革部门安排的基础设施构建、固定资产购置等基本建设支出；其他资本性支出是各级非发展与改革部门安排的用于购置固定资产、战略性和应急性储备、土地和无形资产，以及购建基础设施、大型修缮和财政支持企业更新改造所发生的支出。

各种设备、交通工具、图书购置费，反映填表机构用于购置尚不够基本建设投资额度，但按会计制度规定纳入固定资产核算范围的各种设备的支出，包括办公设备购置、专用设备购置、交通工具购置（含车辆购置税）、信息网络购建、图书购置、档案设备购置等费用。

如果按照资金投向划分，财政对文化事业的投入主要体现在三个方面：一是支撑事业发展的投入，一般通过事业费形式反映；二是用于建设公共文化设施的投入，属于资本性支出，一般通过基本建设支出和资本性支出形式反映；三是近年来新增的对某些文化产业的投入，这些投入虽然投向文化产业，但体现的是政府运用某些文化产业项目完成文化事业的目标，如政府向专业演艺院团购买文艺演出，并向公众免费公演。

第4章　我国文化事业财政投入的现实考察

4.1　我国文化事业财政投入的总体分析

4.1.1　文化事业的财政投入制度与政策

（1）"中央补助地方文化体育与传媒事业发展专项资金"对文化事业的支持①

①专项资金的性质和用途。专项资金由中央财政设立，用于支持和引导地方改善公益性文化事业单位设施状况和工作条件，促进文化、文物、体育、广播电视、新闻出版等事业发展。专项资金为补助性质，地方各级财政部门应根据专项资金补助项目实际需要，合理安排地方财政资金，确保项目顺利实施。

②专项资金的补助范围。专项资金的补助范围是县级及县级以上公益性文化、文物、体育、广播电视、新闻出版事业单位基础设施维修改造、设备购置等。具体包括：地方图书馆、文化馆（中心）、剧院

---

① 财政部：《关于印发〈中央补助地方文化体育与传媒事业发展专项资金管理暂行办法〉的通知》，财教〔2008〕141号。

（场）等公共文化基础设施维修改造及设备购置；地方博物馆维修改造、改善陈列布展和馆藏条件；省、市、县级重点文物保护单位维修保护；地方特色剧团基础设施维修改造、设备购置（含流动舞台车配送）和优秀剧（节）目创作等；地方体育系统所属体育场（馆）等设施维修及设备购置；地方广播电台、电视台、发射台等广播电视设施维修及设备购置；地方新闻出版事业单位设备购置及技术改造补助；其他符合专项资金分配原则的项目。

（2）"宣传文化发展专项资金"对文化事业的支持①

①宣传文化单位的界定。宣传文化单位是指从事精神产品生产和服务，执行企业财务会计制度并依法缴纳所得税的宣传文化单位。这里的宣传文化单位，包括企业和事业单位两种性质，具体包括：宣传、文化（含体育、文物）、广播电影电视和新闻出版部门所属的或财务关系在财政部门单列的从事电影制片、发行、放映，图书出版、发行，期刊（杂志）、报纸、音像制品等宣传文化单位；人民日报社、光明日报社、经济日报社、中国日报社、求是杂志社，各省、直辖市、自治区地方党报党刊；工会、青年团、妇联、军事部门和其他文教部门所属的出版机关报和机关刊物的报社、杂志社；专门出版大中小学的学生课本和少年儿童读物的出版社、报社及其书刊印刷厂。

②资金性质和用途。专项资金由中央和省级财政分别在年度预算内安排，采用专项拨款和专项贴息相结合的方式安排使用。

③专项拨款的具体方向。专项拨款主要用于宣传文化单位的公益性项目或技术改造、设备更新等。具体包括：党和国家提倡的重大题材影片、重大纪录片、科教片、儿童片、美术片等摄制资助；重点图书和专业学术著作出版困难补助及优秀图书奖励；电影企业、出版企业和印刷企业设备更新和技术改造；城市专业电影院维修改造；县及县以下新华书店网点建设；编辑业务楼改造、维修；对文化产品和服务出口的资助，等等。

④专项贴息的具体方向。专项贴息主要用于宣传文化单位临时性资

---

① 财政部：《关于印发〈宣传文化发展专项资金管理办法〉的通知》，财教〔2007〕157号。

金不足及有偿还能力的技术改造、设备更新等项目借款的利息补助。具体包括：技术改造等临时性资金不足借款的利息补助；有偿还能力的技术改造、设备更新等项目借款的利息补助。专项资金不得用于楼堂馆所建设，不得用于弥补主管部门行政事业费不足。

（3）"国家非物质文化遗产保护专项资金"对文化事业的支持①

①资金性质、用途及使用原则。专项资金由中央财政设立，专项用于国家非物质文化遗产管理和保护。专项资金的管理和使用坚持统一管理、分级负责、合理安排、专款专用的原则。专项资金用于补助地方的，适当向民族地区、边远地区、贫困地区倾斜。

②专项资金的具体内容。专项资金分为中央本级专项资金和中央对地方专项转移支付资金，按照开支范围分为组织管理费和保护补助费。

中央本级专项资金包括文化部本级组织管理费和中央部门所属单位保护补助费，中央对地方专项转移支付资金为中央财政对各省（自治区、直辖市）保护补助费。组织管理费是指组织开展非物质文化遗产保护工作和管理工作所发生的支出，具体包括：规划编制、调查研究、宣传出版、培训、数据库建设、咨询支出等。保护补助费是指补助国家级非物质文化遗产代表性项目、国家级代表性传承人、国家级文化生态保护区开展调查、记录、保存、研究、传承、传播等保护性活动发生的支出。具体包括：第一，国家级非物质文化遗产代表性项目补助费，主要补助国家级非物质文化遗产代表性项目相关的调查研究、抢救性记录和保存、传承活动、理论及技艺研究、出版、展示推广、民俗活动支出等；第二，国家级代表性传承人补助费，用于补助国家级代表性传承人开展传习活动的支出；第三，国家级文化生态保护区补助费，主要补助国家级文化生态保护区相关的调查研究、规划编制、传习设施租借或修缮、普及教育、宣传支出等。

（4）对"广播电视村村通"文化事业的支持②

对经营有线电视网络的单位从农村用户取得的有线电视收视费收入和安装费收入，3年内免征营业税；对经营有线电视网络的事业单位从

---

① 财政部、文化部：《关于印发〈国家非物质文化遗产保护专项资金管理办法〉的通知》，财教〔2012〕45号。

② 财政部、国家税务总局：《关于广播电视村村通税收政策的通知》，财税〔2007〕17号。

农村用户取得的有线电视收视费收入和安装费收入，3 年内不计征企业所得税；对经营有线电视网络的企业从农村用户取得的有线电视收视费收入和安装费收入，扣除相关成本费用后的所得，3 年内免征企业所得税。

（5）"国家电影事业发展专项资金"对文化事业的支持①

①资金性质和用途。国家电影事业发展专项资金（以下简称国家电影专项资金）性质属于财政资金，实行基金预算管理方式。国家电影专项资金按规定上缴后，由国家电影专项资金管委会按省、自治区、直辖市及重庆市（当时还不是直辖市）、广州市实际上缴额的 40%回拨给国家电影专项资金省级管委会，按照本办法规定的使用范围用于电影院维修改造。60%由国家电影专项资金管委会用于资助电影制片企业、少数民族地区电影企业特殊困难补助，以及对电影经济进行宏观调控。

②基金的项目范围。

第一，对重点影片的资助：表现党、国家、军队重大历史事件，或以描写担任和曾经担任党中央政治局常委（包括党的创始人和相当于常委的领导人）、国家主席、副主席、国务院总理、全国人大常委会委员长、中央顾问委员会主任、中央纪律检查委员会书记、全国政协主席、中国人民解放军元帅职务的党、政、军领导人业绩为主要内容的重大历史故事片，成本超 200 万元、制片厂负担确有困难的，酌情给予资助，资助额最高不超过实际成本的 50%。以从 1840 年鸦片战争以来，特别是 1921 年中国共产党成立以来的革命斗争为题材的重点历史故事片，成本超过 180 万元、制片厂负担确有困难的，酌情给予资助，资助额最高不超过实际成本的 50%。以反映新中国成立后社会主义革命、建设和改革为题材的重点故事片及经国家电影专项资金管委会批准的其他重点故事片，成本超过 140 万元、制片厂负担确有困难的，酌情给予资助，资助额最高不超过实际成本的 50%。国家资助拍摄的革命历史和现实题材的重点故事片，思想艺术质量较高的，发行满 2 年后累计发行权费收入抵偿不了制片厂摄制成本的（实际成本不超过原计划成本），

---

① 财政部、广播电影电视总局：《国家电影事业发展专项资金使用和管理暂行办法》，1991 年 3 月 19 日发布，1991 年 5 月 1 日实施。

制片厂确有困难的，酌情给予资助。对儿童故事片，原规定由中影公司给各厂的优惠收购和补助办法不变。对重点纪录片、科教片和美术片，酌情给予资助。确认为优秀的未受资助的纪录片、科教片、美术片和故事片，对制片厂酌情给予奖励性资助。

第二，对城市电影院的补助或借款：对城市电影院的危险房屋修缮、设备的添置和技术改造，自有资金不足的给予资助；经财政部门和主管部门批准的城市影院的改造项目，一般由地方或影院自筹资金，不足部分由国家电影专项资金省级管委会酌情给予借款。

第三，对少数民族困难地区的电影企业补贴：在现已确定的少数民族语译制任务之外，经原广播电影电视总局和财政部批准确需增加的少数民族语译制任务，而地方或电影企业确无力承担的，可给予补助。少数民族困难地区的放映企业，地方财政补贴后仍有特殊困难的，可给予部分补贴。

第四，对制片厂重点设备更新、技术改造的借款或补助：对制片厂重点设备更新、技术改造（不包括洗印部分），必须以自有资金为主，分期进行。自有资金不足的，给予部分借款或补助。对制片企业国拨定额流动资金的暂时困难，按照国务院国发〔1983〕第100号文件规定，企业除每年从生产发展基金中提取补充和在银行贷款后，仍有困难的，可给予部分借款。

第五，经原广播电影电视总局、财政部批准的其他项目的借款或补助。

（6）"电影精品专项资金"对文化事业的支持①

①资金性质和用途。该专项资金由中央财政在预算内安排，主要用于支持优秀国产影片的创作生产和宣传发行放映，加强国产电影保护和电影制作、发行、放映单位的更新改造等。资金的支出内容有奖励金、设备购置费、版权购置费、其他费用等。

②资金的使用范围。中国电影华表奖及夏衍剧本奖的奖励；资助重大革命历史题材和重点题材影片剧本创作及影片摄制；资助优秀国产影

---

① 财政部：《关于印发〈电影精品专项资金管理办法〉的通知》，财教〔2007〕16号。

片的生产和影片宣传、发行、放映以及购买公益性放映版权；资助电影制作、发行、放映单位的更新改造以及数字电影研发、推广、制作和设备购置；资助农村电影；资助打击走私盗版、保护电影版权；经财政部批准的其他支出。

（7）国家对少数民族文字出版事业的扶持政策①

①少数民族出版事业属公益性文化事业，承担少数民族文字出版任务的单位是公益性出版单位。中央和地方财政要按照"增加投入、转换机制、增强活力、改善服务"的方针，加大资金投入力度，增加对少数民族文字出版的财政补贴，并逐年有所增长。

②在国家设立的出版基金中，对少数民族文字重大出版项目的出版，给予重点资助。

③国家设立民族文字出版专项资金，通过中央财政对少数民族地区的专项转移支付，加大对少数民族文字出版工作的扶持力度。重点补贴少数民族文字出版物（包括书报刊、音像制品和电子、网络出版物）的编辑出版、少数民族文字编译人才的培养、民族文字新闻出版单位设备更新和技术改造，以及少数民族文字出版"走出去"的项目等。各地也要相应增加投入，保证本地区少数民族文字出版事业的繁荣发展。

④继续实行补贴少数民族文字中小学教材出版发行的政策，对少数民族文字中小学教材出版发行出现的亏损，由中央和地方财政各承担一半，每年年底据实结算。

（8）"国家出版基金"对文化事业的支持②

①基金项目的性质、用途和原则。国家出版基金主要来源是中央财政拨款，并依法接受自然人、法人或其他组织的捐赠。资助项目的确定，遵循"自愿申请、公平竞争、专家评审、择优立项"的原则。国家出版基金主要用于对不能通过市场资源完全解决出版资金的优秀公益性出版物的直接成本补助。

②主要资助范围。第一，具有相当规模，代表现阶段思想政治、文

---

① 中共中央宣传部、国家民委、财政部、国家税务总局、新闻出版总署：《关于进一步加大对少数民族文字出版事业扶持力度的通知》，中宣发〔2007〕14号。
② 财政部、新闻出版总署：《关于印发国家出版基金资助项目管理办法的通知》，新出联〔2008〕8号。

学艺术、科学文化最高研究水平的出版项目；第二，具有填补某一学科领域空白，对我国政治、经济、文化、社会发展等具有积极推动作用的出版项目；第三，具有重要思想价值、科学价值或文学艺术价值，对弘扬民族优秀文化和及时反映国内外新的科学文化成果有重大贡献的出版项目；第四，具有很高史料价值，集学术之大成的出版项目；第五，对维护国家稳定、民族团结具有特殊意义的出版项目；第六，优秀盲文、少数民族文字出版项目；第七，优秀"三农"、未成年人读物出版项目；第八，对推动中国文化"走出去"具有重要意义和作用的出版项目；第九，国家委托的重点出版项目；第十，其他优秀公益性出版项目。

（9）"民族文字出版专项资金"对文化事业的支持①

①专项资金的性质和用途。专项资金是中央财政设立、用于扶持民族地区民族文字出版事业发展的资金。

②专项资金主要开支范围。第一，民族语言文字出版物（图书、报纸、期刊、音像制品、电子出版物）出版项目，包括：民族语言文字出版物编辑、制作、出版；民族语言文字出版物编译；民族语言文字出版物发行。第二，民族文字新闻出版单位技术改造和设备更新项目，包括：民族文字书刊印刷单位的设备更新和技术改造；民族语言音像制品制作、复录设备更新和技术改造；民族文字党报党刊印刷、传输设备更新改造。第三，民族文字出版人才培养项目，包括：民族语言文字出版编辑制作人才培养；民族语言文字翻译人才培养。第四，民族语言文字出版物、版权等"走出去"项目，包括：民族语言文字出版物出口；民族语言文字版权输出。第五，其他经财政部、新闻出版总署批准的项目。

（10）"农家书屋工程专项资金"对文化事业的支持②

①专项资金的性质和用途。专项资金是中央财政安排的、用于支持新闻出版行政部门组织实施的农家书屋工程的补助经费。

① 财政部、新闻出版总署：《关于印发〈民族文字出版专项资金管理暂行办法〉的通知》，财教〔2007〕258号。
② 财政部、新闻出版总署：《关于印发〈农家书屋工程专项资金管理暂行办法〉的通知》，财教〔2008〕176号。

②专项资金的使用范围。第一，对中西部地区的补助资金，主要用于农家书屋出版物购置等；第二，对东部地区的奖励资金，主要用于农家书屋管理人员的培训、部分农家书屋补充出版物及与农家书屋管理相关的支出；第三，专项资金不得用于农家书屋管理人员的工资和福利性支出。

③专项资金安排原则。第一，中央财政按照每个农家书屋 2 万元的配置标准，分别给予中部地区 50%、西部地区 80%的补助资金，其余部分由地方财政部门统筹安排解决；第二，根据农家书屋工程实施情况，中央财政每年对东部地区安排一定额度的奖励资金。

有必要说明的是，我国针对文化事业的财政支持制度与政策，并不仅仅体现为上述财政投入，还体现在税收政策、财政投融资政策、政府采购政策等方面。为了保持本书论题的前后一致性，这里只就财政投入方面的内容做了详细的陈述。

4.1.2　公共文化服务体系的建设成就综述

从"十一五"规划开始，我国确立了建立覆盖全国城乡的公共文化服务体系的社会建设目标，国家把文化事业的投入重心转到了公共文化服务体系建设上。这个建设过程工程浩大，综合性强，覆盖范围广，涉及行业多，是由国家多个部门分工合作来做的。这个建设过程也是个很长的过程，"十二五"规划依然在推动。目前，经过多年不懈的财政投入，我国已初步建立了覆盖城乡的公共文化服务体系框架。这个体系框架可以通过表 4-1 得到一定程度的反映。

目前，这个公共文化服务体系框架的建立只是一个阶段性成果，未来尚需充实更多的内容。最终，我国的公共文化服务体系是要建立起一个覆盖城乡、惠及全民、体现公共服务均等化原则、数字技术支撑、三网联合的，集文化娱乐、文化教育、文化传媒、文化遗产享用于一体的现代化公共文化服务网络。它充分体现均等化原则，使城乡二元分割状况开始向城乡一体化转变，将彻底改变"春风不度玉门关"的文化发展格局，对国家发展战略和社会整体发展具有非常重要的意义。

表 4-1　　　　　　当前我国公共文化服务体系建设的主要成果

项目	财政投入资金情况	内容或目标
六级公共文化设施网络建设	2007—2010年中央财政39.48亿元，补助2.67万个乡镇综合文化站。中央资金带动地方配套资金50多亿元	乡镇综合文化站建设为"十一五"重大文化建设项目，已建成。全国乡镇综合文化站平均面积由2006年的277平方米升至2011年的516平方米；到2011年年底，全国共有县级以上独立建制公共图书馆2 952个，文化馆3 285个，乡镇（街道）文化站40 390个。国家、省、市、县、乡、村六级公共文化设施网络基本建立
公共文化设施免费开放	公共博物馆、纪念馆——2009年、2010年中央财政安排专项资金20亿元，2011年30亿元，专门用于补助免费开放；公共图书馆、文化馆、文化站——2011年中央财政补助18亿元，地方各级保障资金31亿元，重点保障中西部	到2011年，全国隶属于文化文物部门的博物馆、纪念馆2 650座，免费开放2 115座，占80%，博物馆的公共文化服务能力进一步提高。公共图书馆、文化馆、文化站实现无障碍、零门槛进入，免费开放。2011年公共图书馆总流通人次38 151万人次，年增16%；全国群众文化机构组织文艺活动62万人次，年增8%，公益讲座1.76万人次，年增44%；文化馆、文化站培训1 800多万人次，年增35%。公共图书馆、群众文化机构的公共文化服务能力提高较大
广播电视村村通工程	到2011年年底，累计投入114亿元。中央与地方政府的投入划分：中央对县及县级以上转播中央第一套广播、中央第一套和第七套电视的大中功率无线发射设备的更新改造和运行维护经费给予补助；省、市两级政府解决20户以上已通电自然村收看收听包括中央和省级的4套以上的广播、8套以上的电视的"村村通"工程建设资金；地方各级政府负责农村广电管理维护机构经费；对落后和边远地区，国家给予适当补助	从1998年开始实施，到2012年10月，全面实现20户以上已通电自然村全部通达广播电视。全国广播电视综合人口覆盖率提高到97%以上

续表

项目	财政投入资金情况	内容或目标
西新工程	到 2011 年年底，累计投入 215 亿元	2000 年 9 月开始启动，是新中国成立以来最大的广播电视覆盖工程。实施范围包括西藏、新疆、内蒙古、宁夏、青海、甘肃、四川、云南的藏区以及福建、浙江、广西、海南和吉林延边部分地区，涵盖国土面积超498 万平方公里，占全国的 51.9%。边疆民族地区广播影视发展格局实现根本性转变。西藏广播电视覆盖率由 1999 年的 69% 和 64% 分别提高到 2011 年的 92% 和 93%，新疆由1999 年的 87% 和 89% 分别提高到 2011 年的95% 和 95%。偏远的游牧群众也能通过移动太阳能接收设备收看电视节目。目前，全国已有 7 套少数民族语言卫视节目，建成 11 个少数民族语言电影译制中心，分工负责 34 个语种和方言的电影译制
农村电影放映工程（2131工程）	到 2011 年年底累计投入 32 亿元。农村电影公益场次补贴最低 100 元/场，其中：西部地区由中央补 80 元/场、地方最低补 20 元/场；中部地区由中央补 50 元/场、地方最低补 50 元/场。东部地区和有条件的中西部地区，地方自行解决	2000 年 12 月开始启动，按照"企业经营、市场运作、政府购买、农民受惠"的农村电影发展思路，建立农村电影服务体系。到2011 年年底已组建农村数字院线 246 条、放映队 4.8 万支，农村电影银幕超过 5 万块，农村电影全面实现数字化服务，基本实现了"一村一月放一场电影"的公益目标。针对全国电影发展"两头大、中间小"的格局，县级城市数字影院建设工程于 2011年启动，到 2015 年每个县级城市都有数字电影放映场所
农家书屋工程	到 2012 年 8 月，累计投入 180 多亿元，其中：财政资金 120 亿元（中央和地方各一半），社会资金60 亿元（社会各界、新闻出版业赠出版物和设备）。中央财政在投入过程中向中西部地区倾斜，东部地区采取奖励形式。"十二五"期间，中央财政安排农村文化建设专项资金，每个农家书屋每年可获得 2 000元补助	2007 年 3 月开始启动，已覆盖全国具备条件的行政村，共建成 600 449 家，配送图书9.4 亿册，报刊 5.4 亿份，音像制品 1.2 亿张，影视放映设备和阅读设施 60 多万套。未来方向：公共文化设施互联互通，逐步完善城乡一体化的公共阅读服务体系

续表

项目	财政投入资金情况	内容或目标
公共文化服务体系示范区建设	东中西部每个示范区补助和奖励400万元、800万元和1 200万元；东中西部每个示范项目补助和奖励50万元、100万元和150万元；首批31个区，中央财政投入3.05亿元	2011年启动，预计6年内完成，创建90个左右示范区、180个左右示范项目，带动全国1/3以上县市。估计首批中央财政投入能撬动地方100亿元以上的投资
全国文化信息资源共享工程	至2011年年底，经费投入总额66.87亿元	2002年起实施，现已初步建成国家、省、市、县、乡、村六级服务网络，形成互联网、卫星网、有线（数字）电视网等多形式共用、多网络结合的资源传输渠道。到2012年5月，已建成一个国家中心、35个省级分中心、2 840个县级支中心、28 596个乡镇基层服务点（文化站）、60多万个行政村基层服务点，有29个省（自治区、直辖市）实现县级中心全覆盖，并且实现"村村通"；数字资源建设总量达到136.4TB，包括艺术、科技、教育、文化、少儿、动漫等视频资源34 809部、21 964小时
数字图书馆推广工程	—	2011年5月正式启动，2012年，推广工程已在全部省级馆和133个市级馆建成。建设目标是：建设覆盖全国的数字图书馆虚拟网、互联互通的数字图书馆系统平台、海量分布式数字资源库群，形成完整的数字图书馆标准规范体系
公共电子阅览室建设计划	至2011年年底，各级经费共计2.7亿元	自2009年始，在9个城市试点，参加试点的公共电子阅览室数量6 200个，服务人次近1 700万
特殊人群文化权益保障	—	此类文化活动的目的是贯彻和体现公共文化服务均等化原则。保障农民工文化权益，2011年和2012年连续两年举办北京农民工春节晚会；春雨工程——全国文化志愿者边疆行，构建内地与边疆文化交流平台
文化生态保护区建设	—	2007年启动。到2012年6月，共建设徽州文化、羌族文化等12个文化生态保护区

续表

项目	财政投入资金情况	内容或目标
国家出版重点工程	到2011年年底，国家出版基金已累计投入资金12亿元	该项目已经实施满10年，目的是文化传承，使之不至于在这一代中断。主要涉及国家重大出版工程专项资金、国家出版基金。资助出版项目包括：意识形态领域重大文献的出版、古籍整理出版、大型工具书的出版、跟踪和推动科研学术进步的出版活动等。到2011年年底，已资助900多种优秀图书出版
少数民族出版工程（东风工程）（一期）	中央财政拨付2亿元专项资金，由自治区自筹1亿元用于民文图书、党报党刊、音像电子出版物免费向农牧区赠阅项目等，由国家发改委投资1.2亿元建设资金（其中自治区自筹10%）用于发行网点建设、设备更新与购置等	自2007年7月始，建设任务在新疆开展，由中央财政和新疆地方财政专项拨款实施，用时4年多，业已完成，内容包括出版物免费赠阅、民文出版译制、出版市场监管、发行网点建设、出版物生产设备配备、人才培养基础设施建设等项目
少数民族出版工程（东风工程）（二期）	依然采取以中央财政为主安排项目资金，地方财政配套专项资金，国家发改委投资三方出资的方式。仅新疆一个区总投资就达10多亿元，"十二五"期间，中央财政安排对自治区投资3.559亿元，用于11个基本建设项目，对兵团投资0.876亿元，用于5个基本建设项目	国家"十二五"规划中的重点工程。截至2012年年底，涉及省份包括新疆、西藏、内蒙古、广西、宁夏、四川、云南、甘肃、青海等省区，最多涉及的区域是新疆全区和多省的藏区。主要的建设任务包括民文采编系统购置、印刷设备购置、新华书店基层网点建设、流动售书车购置等方面，涉及70余家新闻出版单位，开工建设近120个新华书店基层网点
全民阅读工程	—	是群众文化活动的一项，以各种读书活动为主要形式，目的是推动全民读书精神的培养和提高。全国所有城市都开展了阅读日、阅读周、阅读月、阅读节的活动，截至2011年，全民阅读工程已有7亿多人次参与
文化环境保护工程	—	该工程的主旨是治理文化市场的污染，打击淫秽色情、文化垃圾的传播。这些工程保护了知识产权，打击了犯罪活动，为社会提供了良好的文化环境

资料来源　根据财政部官网（www.mof.gov.cn）、文化部官网（www.ccnt.gov.cn）、原国家广播电影电视总局官网（www.sarft.gov.cn）、原国家新闻出版总署官网（www.gapp.gov.cn）相关报道、文件与报告中的内容摘编汇总而成。

4.1.3 文化事业财政投入的全景量化分析

（1）总体规模状况分析

①总额增加的幅度较大。根据财政部相关统计数据计算，我国财政用于"大文化"的支出总额，在 2009—2011 年期间表现可圈可点，显示出我国政府近年来对文化事业支出的重视。2009 年，财政总支出 76 299.93 亿元，比上年增长 21.9%，其中在"大文化"上的投入为 1 154.81 亿元，比上年增长 29.6%，文化投入的增速远超财政总支出增速 7.7 个百分点；2010 年，财政总支出 89 874.16 亿元，增速有所放缓，为 17.8%，文化投入为 1 288.53 亿元，增速也大幅放缓为 11.6%，低于财政总支出的增速 6.2 个百分点，低于前一年的增速达 18 个百分点；2011 年，财政总支出为 109 247.7 亿元，增速为 21.6%，其中对文化的投入为 1 627.01 亿元，增幅达 26.3%，也就是说，2011 年政府用于"大文化"的财政支出增速超过了当年财政支出总额增速 4.7 个百分点，比前一年的增速提高将近 15 个百分点，增加速度非常高。总体来看，近年来财政对文化的投入增速较大，超过了财政总支出的总体增速（见表 4-2）。

表 4-2　　2009—2011 年文化传媒支出与财政支出增速情况

项目	2009 年		2010 年		2011 年	
	额度（亿元）	增速（%）	额度（亿元）	增速（%）	额度（亿元）	增速（%）
全国财政总支出	76 299.93	21.9	89 874.16	17.8	10 9247.7	21.6
文化传媒支出	1 154.81	29.7	1 288.53	11.6	1 627.01	26.3
其中：文化	485.57	28.1	529.54	10.7	618.74	16.8
文物	—	—	157.87	9.4	198.49	25.7
广电	—	—	326.1	25.3	482.26	47.9
新闻	—	—	94.41	7.3	117.43	24.4
其他	—	—	180.61	21.4	210.09	16.3

数据来源　财政部官网（www.mof.gov.cn）；"文化传媒支出"系"文化体育与传媒"类级科目总额减"体育"款级科目总额得来。

②横向比较规模依然偏小。从另一个角度考察，将文化事业的财政

投入与教育、科学技术、医疗卫生投入一并比较，会看到财政对文化事业的投入比重过小。我国政府对科学技术的投入 2009 年为 2 744.52 亿元，占财政总支出的 3.60%，2010 年为 3 250.18 亿元，占财政总支出的 3.62%，2011 年为 3 828.02 亿元，占财政总支出的 3.50%，后两年的自身增速在 18% 左右，由此看来，文化投入的增速超过了它，二者的差距没有在这三年间继续拉大。但是，再看教育投入和卫生投入，情况则不然，政府在教育上的投入非常庞大，而且呈现稳定增长的态势，2009 年教育投入比重为 13.68%，2010 年增至 13.96%，2011 年增至 15.10%，当年其自身增长速度为 31%，远超过文化投入的增长速度，可见文化投入同其差距还在继续拉大；政府对卫生事业的投入也很多，2009 年占总支出的比重为 5.23%，以后逐年增加，到 2011 年，该比重达到 5.89%，当年其自身增速达到 33.8%，也远超过文化投入的增长速度，文化投入同其差距也在拉大。相比之下，我国政府用于文化的投入规模偏小，总体占财政支出的比重仅在 1.4% ~ 1.5%。基于横向的对比考察，会发现文化投入虽然近年开始快于财政总支出的增加速度，但是依然在教科文卫投入中处于偏弱地位（见表 4-3 和图 4-1）。对文化事业投入的持续不平衡，导致文化事业不断落后于其他社会事业，不利于国民素质和精神文明的提高，将会拖社会发展的后腿。

表 4-3　2009—2011 文化传媒支出与教科卫支出占财政支出比重对比表

	2009 年		2010 年		2011 年	
	支出额（亿元）	占总支出比重（%）	支出额（亿元）	占总支出比重（%）	支出额（亿元）	占总支出比重（%）
科学技术	2 744.52	3.60	3 250.18	3.62	3 828.02	3.50
教育	10 437.54	13.68	12 550.02	13.96	16 497.33	15.10
文化传媒	1 154.81	1.51	1 288.53	1.43	1 627.01	1.49
医疗卫生	3 994.19	5.23	4 804.18	5.35	6 429.51	5.89
财政总支出	76 299.93	—	89 874.16	—	109 247.70	—

数据来源　财政部官网（www.mof.gov.cn）；"文化传媒支出"系"文化体育与传媒"类级科目总额减"体育"款级科目总额得来。

当然，这里所做的对比考察，只是一种参考，本书无意得出一个横向对比的适当比重的结论，事实上，这个结论是很难得出的。但是，这种对比考察有建议性，可以提醒我们注意文化投入规模偏小的问题。

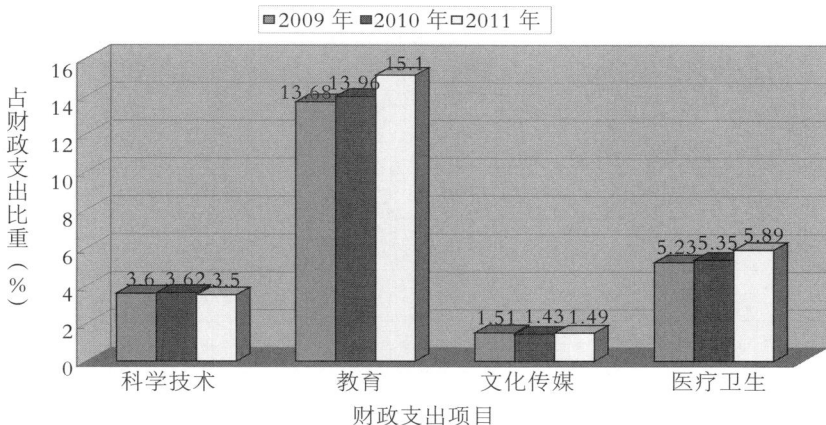

图 4-1　2009—2011 年文化传媒支出与教科卫支出占财政支出比重对比

数据来源　根据表 4-3 的相关数据计算得到。

（2）结构状况分析

①在财政对文化的投入中，总体来看比重最大的是用于文化事业的支出，2010 年和 2011 年比重分别为 41% 和 38%；其次是用于广播影视事业的支出，两年的比重分别为 25% 和 30%，而且呈现增长态势；再次是文物业，比重稳定在 12%；比重最小的是用于新闻出版的支出，两年仅为 7% 左右的水平。这种结构能够说明一定的情况，比如，文化事业的支出承担着大部分公共文化体系建设的任务，广播电视业中的许多单位，尤其是电台、电视台，依然是事业单位，并且承担着广播电视"村村通"及"西新工程"等大项目，新闻出版业的产业属性很强，发展主要靠的是良好的市场条件和政府宽松的产业扶持政策，花费的政府投入不多（见表 4-4 和图 4-2）。

②在地方支出中，文化事业支出的比例与国家支出中的表现相似，程度略强，2010 年比重为 44%，2011 年比重为 40%；广播影视虽然仍然位居第二，但比重明显减小，2010 年为 24%，2011 年为 28%；其余成分的比重基本相同，接近综合指标中的表现，地方的新闻出版支出比重下降 2 个百分点。总体来看，地方支出中的各部分比重状况并没有与全国支出的成分构成状态有巨大的反差。然而在中央支出中出现了巨大的反差。在中央支出中，广播影视支出毫无悬念地成为老大，占据

表 4-4　2010 年和 2011 年财政支出用于文化传媒的支出情况

项目	2010年			2011年		
	支出额（亿元）	比重（%）	增长率（%）	支出额（亿元）	比重（%）	增长率（%）
总计：	1 288.53	100	11.58	1 627.01	100	26.27
文化：	529.54	41.10	9.1	618.74	38.03	16.8
行政运行	61.46	—	11.2	71.07	—	15.6
一般行政管理事务	14.84	—	-0.2	14.62	—	-1.5
机关服务	1.46	—	9.8	2.15	—	47.2
图书馆	64.28	—	2.8	72.98	—	13.5
文化展示及纪念机构	15.87	—	-32.8	17.38	—	9.5
艺术表演场所	17.48	—	-16.4	19.69	—	12.6
艺术表演团体	52.26	—	3.9	60.60	—	16.0
文化活动	21.98	—	26.7	24.81	—	12.9
群众文化	93.87	—	8.7	94.37	—	0.5
文化交流与合作	4.69	—	13.3	5.25	—	12.0
文化创作与保护	13.80	—	22.0	16.69	—	21.0
文化市场管理	7.94	—	6.1	9.94	—	25.2
其他文化支出	159.61	—	22.7	209.22	—	31.1
文物：	157.87	12.25	9.4	198.49	12.20	25.7
行政运行	4.14	—	-2.6	5.52	—	33.4
一般行政管理事务	1.29	—	15.2	1.35	—	4.1
机关服务	0.14	—	16.7	0.34	—	136.9
文物保护	36.25	—	11.7	53.60	—	47.9
博物馆	89.50	—	6.9	104.12	—	16.3
历史名城与古迹	14.50	—	25.6	16.04	—	10.5
其他文物支出	12.05	—	8.8	17.51	—	45.4

续表

项目	2010年			2011年		
	支出额（亿元）	比重（%）	增长率（%）	支出额（亿元）	比重（%）	增长率（%）
广播影视：	**326.10**	**25.31**	**5.3**	**482.26**	**29.64**	**47.9**
行政运行	35.84	—	4.8	44.83	—	25.1
一般行政管理事务	8.74	—	14.2	9.17	—	4.9
机关服务	1.95	—	7.7	2.79	—	43.7
广播	73.14	—	−0.9	85.35	—	16.7
电视	103.72	—	22.6	184.38	—	77.8
电影	18.11	—	17.1	21.44	—	18.4
广播电视监控	7.48	—	−23.8	8.58	—	14.7
其他广播影视支出	77.12	—	−6.4	125.72	—	63.0
新闻出版：	**94.41**	**7.33**	**42.3**	**117.43**	**7.22**	**24.4**
行政运行	5.77	—	6.7	5.82	—	0.8
一般行政管理事务	2.55	—	−34.3	2.50	—	−2.0
机关服务	0.32	—	−5.9	0.37	—	18.2
新闻通讯	20.53	—	61.9	20.71	—	0.9
出版发行	28.86	—	18.4	42.08	—	45.8
版权管理	0.51	—	−12.1	0.75	—	46.9
出版市场管理	1.19	—	21.4	1.22	—	2.4
其他新闻出版支出	34.68	—	91.5	43.97	—	26.8
其他文体传媒支出（款）：	**180.61**	**14.02**	**21.4**	**210.09**	**12.91**	**16.3**
宣传文化发展专项支出	34.21	—	2.0	35.13	—	2.7
其他文体传媒支出（项）	146.40	—	27.0	174.96	—	19.5

数据来源　财政部官网（www.mof.gov.cn）；"总计"系政府决算中"文化体育与传媒"类级科目总额减"体育"款级科目总额得到。

2011 年国家文化传媒支出（单位：亿元）

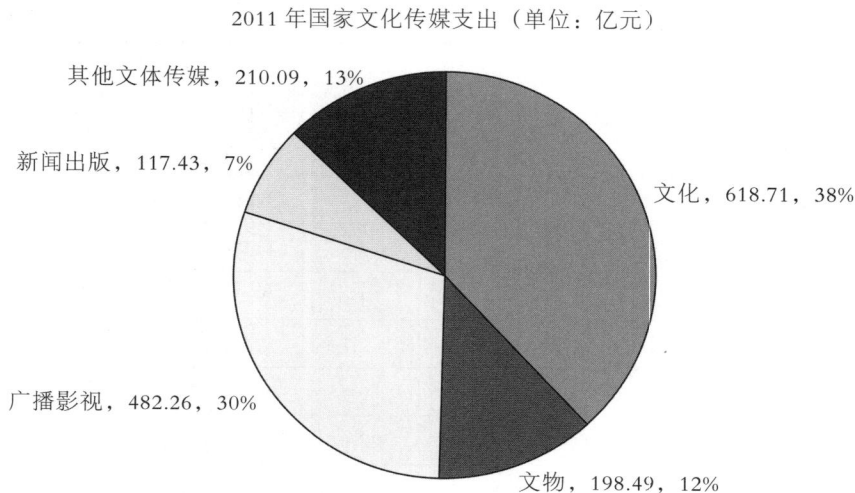

图 4-2　2011 年我国国家财政的文化传媒支出的构成

数据来源　根据财政部官网（www.mof.gov.cn）财政数据计算得到；全部文化传媒支出系政府决算中"文化体育与传媒"类级科目总额减"体育"款级科目总额得到。

全部文化传媒支出的 40%以上，处于绝对的多数地位；处于第二位的是新闻出版支出，占 29%和 26%的比重；而文化事业支出的比重缩减为 12%和 15%，文物支出的比重不足 10%。这种中央与地方不同的结构状况能够说明一定的情况：第一，文化和文物事业是典型的地方财政支出项目，因此文化和文物支出绝大部分都聚集在地方支出中；第二，近年来我国在广播影视和新闻出版业内举办了一系列耗资巨大的公共工程，这些工程主要是通过中央财政和中央部门实施的，如广播电视的"西新工程""村村通工程"，新闻出版的"东风工程""重大出版工程"等；第三，相对于文化和文物事业，中央政府更侧重于传媒事业的政府职能（见表 4-5、图 4-2、图 4-3 和图 4-4）。

　　③由于文化事业的地域性特征，绝大部分文化事业的收益范围通常为地方性的，因此，文化事业的投入资金绝大部分都是通过地方政府投入的。从 2008 年之后的财政相关数据来看，中央政府对文化事业的投入比重在逐渐下降，地方政府的投入比重在上升，这符合文化事业的地域性特征。2008 年，中央本级的文化事业投入占全国的文化事业投入的

表 4-5　　　　　　2010 年和 2011 年中央和地方用于

文化传媒的财政支出情况　　　　　单位：亿元

科目	2010年			2011年		
	全国	地方	中央	全国	地方	中央
总计：	1 288.53	1 150.56	137.97	1 627.01	1 451.78	175.23
文化	529.54	510.08	19.46	618.74	592.60	26.14
行政运行	61.46	60.56	0.90	71.07	70.01	1.06
一般行政管理事务	14.84	14.18	0.66	14.62	13.85	0.77
机关服务	1.46	1.42	0.04	2.15	2.11	0.04
图书馆	64.28	59.71	4.57	72.98	65.02	7.96
文化展示及纪念机构	15.87	14.86	1.01	17.38	15.55	1.83
艺术表演场所	17.48	17.48	0	19.69	19.62	0.07
艺术表演团体	52.26	49.71	2.55	60.60	57.87	2.73
文化活动	21.98	21.44	0.54	24.81	23.93	0.88
群众文化	93.87	92.65	1.22	94.37	94.20	0.17
文化交流与合作	4.69	2.16	2.53	5.25	2.58	2.67
文化创作与保护	13.8	12.09	1.71	16.69	14.84	1.85
文化市场管理	7.94	7.88	0.06	9.94	9.88	0.06
其他文化支出	159.61	155.94	3.67	209.22	203.17	6.05
文物	157.87	148.03	9.84	198.49	182.94	15.55
行政运行	4.14	4.04	0.10	5.52	5.35	0.17
一般行政管理事务	1.29	1.12	0.17	1.35	1.13	0.22
机关服务	0.14	0.14	0	0.34	0.34	0
文物保护	36.25	35.44	0.81	53.60	52.43	1.17
博物馆	89.50	81.62	7.88	104.12	90.66	13.46

科目	2010年			2011年		
	全国	地方	中央	全国	地方	中央
历史名城与古迹	14.50	14.50	0	16.04	16.04	0
其他文物支出	12.05	11.17	0.88	17.51	16.98	0.53
广播影视	**326.10**	**271.33**	**54.77**	**482.26**	**406.52**	**75.74**
行政运行	35.84	35.60	0.24	44.83	44.57	0.26
一般行政管理事务	8.74	6.32	2.42	9.17	6.64	2.53
机关服务	1.95	1.26	0.69	2.79	1.97	0.82
广播	73.14	39.07	34.07	85.35	56.62	28.73
电视	103.72	97.36	6.36	184.38	177.75	6.63
电影	18.11	14.34	3.77	21.44	17.94	3.50
广播电视监控	7.48	2.82	4.66	8.58	4.13	4.45
其他广播影视支出	77.12	74.56	2.56	125.72	96.90	28.82
新闻出版	**94.41**	**54.75**	**39.66**	**117.43**	**72.06**	**45.37**
行政运行	5.77	5.34	0.43	5.82	5.31	0.51
一般行政管理事务	2.55	1.01	1.54	2.50	1.22	1.28
机关服务	0.32	0.23	0.09	0.37	0.25	0.12
新闻通讯	20.53	2.06	18.47	20.71	2.79	17.92
出版发行	28.86	10.81	18.05	42.08	18.20	23.88
版权管理	0.51	0.21	0.30	0.75	0.45	0.30
出版市场管理	1.19	1.02	0.17	1.22	1.00	0.22
其他新闻出版支出	34.68	34.07	0.61	43.97	42.83	1.14
其他文体传媒支出（款）	**180.61**	**166.37**	**14.24**	**210.09**	**197.66**	**12.43**
宣传文化发展专项支出	34.21	29.74	4.47	35.13	30.67	4.46
其他文体传媒支出（项）	146.40	136.63	9.77	174.96	166.99	7.97

数据来源 财政部官网（www.mof.gov.cn）；数据计算方法同表4-4。

2010 年地方支出（单位：亿元）

其他文体传媒，166.37，14%

新闻出版，54.75，5%

文化，510.08，44%

广播影视，271.33，24%

文物，148.03，13%

2011 年地方支出（单位：亿元）

其他文体传媒，197.66，14%

新闻出版，72.06，5%

文化，592.6，40%

广播影视，406.52，28%

文物，182.94，13%

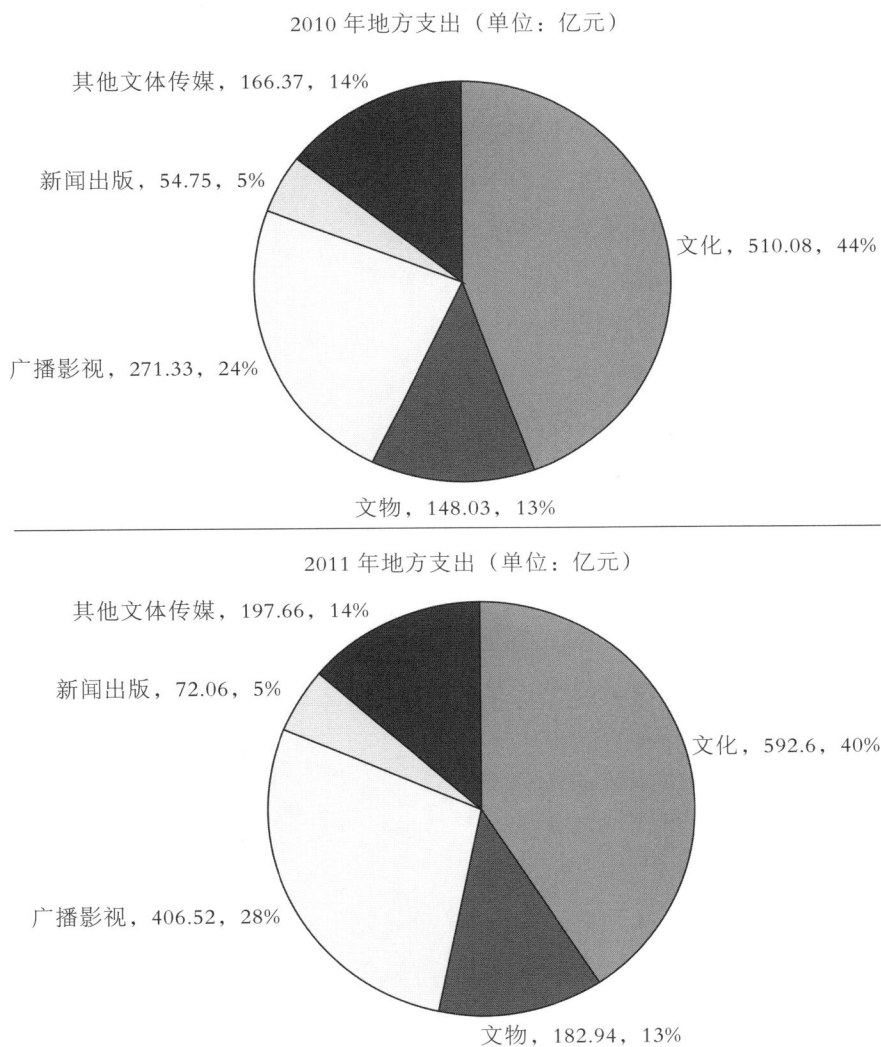

图 4-3 2010 年和 2011 年我国地方财政的文化传媒支出的构成

数据来源 根据财政部官网（www.mof.gov.cn）财政数据计算得到；全部文化传媒支出系政府决算中"文化体育与传媒"类级科目总额减"体育"款级科目总额得到。

2010 年中央支出（单位：亿元）

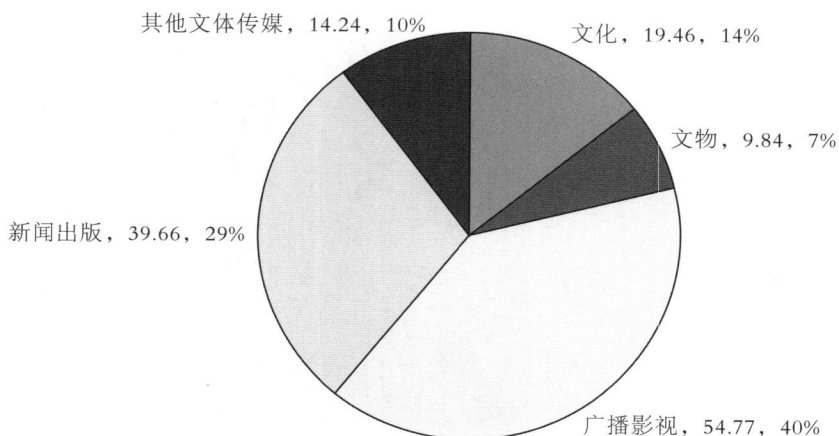

其他文体传媒，14.24，10%

文化，19.46，14%

文物，9.84，7%

新闻出版，39.66，29%

广播影视，54.77，40%

2011 年中央支出（单位：亿元）

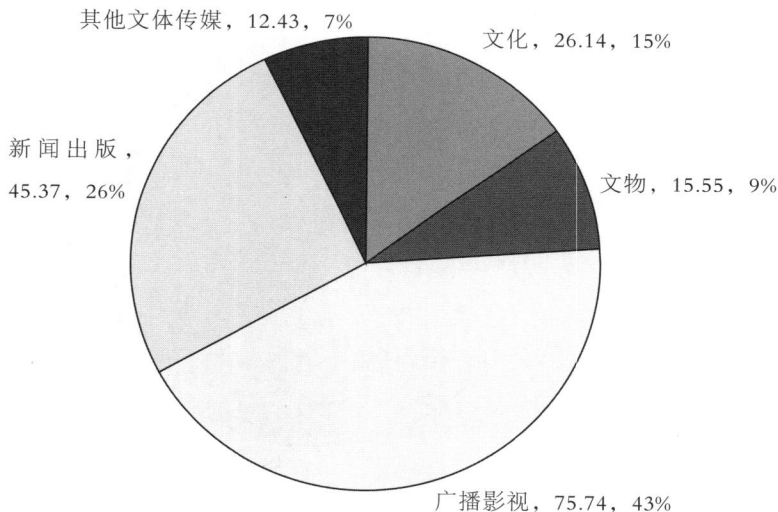

其他文体传媒，12.43，7%

文化，26.14，15%

新闻出版，45.37，26%

文物，15.55，9%

广播影视，75.74，43%

图 4-4　2010 年和 2011 年我国中央财政的文化传媒支出的构成

数据来源　根据财政部官网（www.mof.gov.cn）财政数据计算得到；全部文化传媒支出系政府决算中"文化体育与传媒"类级科目总额减"体育"款级科目总额得到。

14.3%，2009 年下降了 2 个百分点，2010 年和 2011 年降为 10.7% 和 10.8%，这种比重的降低形成了一定的趋势（见表 4-6 和图 4-5）。但是，在地方政府的投入中，实际上一部分是来自中央的转移支付。从2008年后的数据看，中央向地方的文化传媒转移支付在中央预算的全部支出中比重越来越大，2008年比重为44%，2009年超过50%，到2011年达到55%。这说明中央加大了对地方的文化投入力度。在中央向地方的转移支付中，国家有意向中西部地区和农村落后地区倾斜，对较为发达的地区则基本以奖代补或由地方政府自行解决（见表4-7）。

表4-6　　　　　2008—2011年中央与地方文化传媒支出情况

年份	全国（亿元）	中央		地方	
		额度（亿元）	比重（%）	额度（亿元）	比重（%）
2008年	890.45	127.2	14.3	763.25	85.7
2009年	1 154.81	141.85	12.3	1 012.96	87.7
2010年	1 288.53	137.97	10.7	1 150.56	89.3
2011年	1 627.01	175.23	10.8	1 451.78	89.3

数据来源　财政部官网（www.mof.gov.cn）；"文化传媒支出"系政府决算中"文化体育与传媒"类级科目总额减"体育"款级科目总额得到。

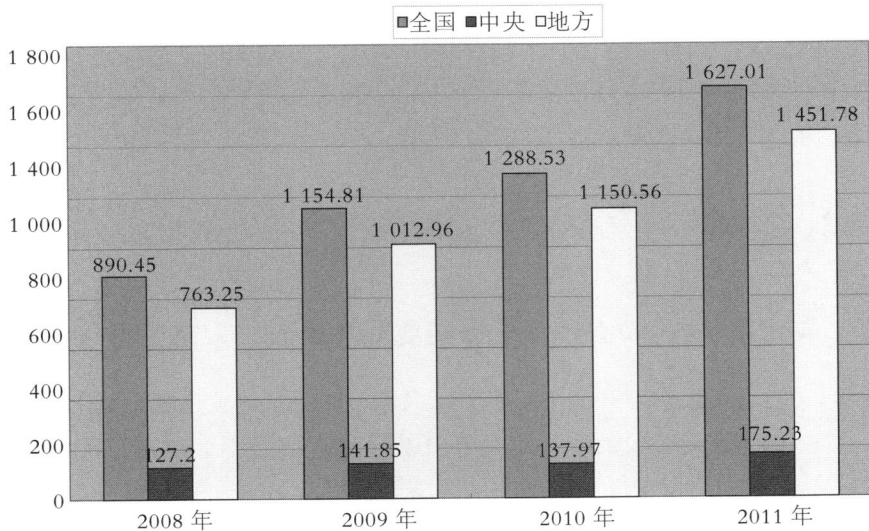

图4-5　2008—2011年中央与地方文化传媒支出情况（单位：亿元）

数据来源　财政部官网（www.mof.gov.cn）；"文化传媒支出"数据计算方法同表4-6。

表 4-7　中央级公共财政预算中文化体育与传媒支出的结构情况

项目	2008 年		2009 年		2010 年		2011 年	
	支出额 （亿元）	比重 （%）	支出额 （亿元）	比重 （%）	支出额 （亿元）	比重 （%）	支出额 （亿元）	比重 （%）
文化体育与传媒	252.81	100	320.73	100	316	100	415.88	100
中央本级支出	140.61	56	154.75	48	150.13	48	188.72	45
对地方转移支付	112.20	44	165.98	52	165.87	52	227.16	55

数据来源　财政部官网（www.mof.gov.cn）。

　　上述数据表明，一方面，我国政府加大了对文化事业的投入，从总量上和转移支付的比重上都显示出国家对文化事业发展的重视和加强，另一方面，从一些数据对比结果来看，我国对文化事业的投入存在多年的欠账，底子很薄，即使近年来国家加大了投入，但是还远远不够，文化事业投入占财政支出的比重依然很低，文化事业的增长速度依然不够持续快速增长。为此，需要中央继续加大向地方文化事业的转移支付力度，继续加大对文化事业的投入，保证文化事业在未来若干年内的持续快速增长。只有这样，才能逐渐将文化事业积欠的不足扭转，使得文化事业的发展与我国快速增长的经济和社会文化需求相匹配，缩小东西部地区的文化发展差距，推进城乡一体化。

4.2　我国文化和文物事业财政投入的现实分析

4.2.1　文化和文物事业体制变革和财政投入范围再认识

（1）体制变革

　　我国的文化和文物事业自改革开放以来一直处于体制变革过程中，这是一个渐进的过程。至党的"十八大"召开，应该说，体制格局已经发生了突破性的改革，这种突破性主要体现在国有专业文艺院团脱离文化事业单位身份的改革上。因此，本书将文化和文物事业的体制改革划分为两个方面来说明：一是专业文艺院团的体制变革；二是其他文化和文物事业的体制变迁。

①专业文艺院团的体制变革。自新中国成立起，国有专业文艺院团一直是我国文化事业中的人员和经费比重很大的成分之一。原因是，我国的文化体制设计遵循计划经济的苏联模式，这些文艺院团在特殊的历史情况和经济状况下，能够最直接有效地帮助政府做宣传教育和意识传播的工作，起到教育人民和凝聚社会的作用。这时的专业文艺院团都是吃财政饭的文化事业单位。

改革开放之后，文艺的满足精神需求功能在市场化的过程中焕发出来，意识教化功能退至次要地位。前期的体制改革，主要举措是培养新兴的文化娱乐市场。分布于城乡的歌舞娱乐场所、游艺娱乐场所和互联网上网服务营业场所（网吧），包括内资、港澳台资和外资企业；还有受到政府严格审查和限制、数量有限但生意火爆的文物交易场所，这些文化市场的内容，为社会提供了丰富的文化休闲娱乐服务。总之，文化市场从无到有、从弱到强，呈现逐渐成长与成熟的趋势，最终形成文化事业与文化市场双足鼎立的形势。上述改革，更多的是往文化领域中做"加法"，并未涉及根本性的文化事业身份的转变。

后期的改革，主要是党的"十六大"之后的文化体制改革，开始涉及文化事业单位身份的彻底改变，这是服从于我国国家整体的政府职能重新定位的改革。在政府职能的重新定位中，专业文艺演出被确定为应当通过文化市场进行资源配置的领域。于是，除了一些需要特殊保护和扶持的文艺演出形式之外，绝大部分的专业文艺院团注销事业单位的法人身份，人员核销事业编制，原来的事业单位"转企改制"，成为文化市场上的企业。这项改革的力度非常大，到 2012 年 10 月，除去新疆和西藏不在这次改革之列，其余全国 2 103 家国有文艺院团转为企业，留下的事业单位文艺院团只有 129 家，形成了以企业为主体、以事业为补充的演艺体制格局。被保留事业性质的院团，属于非物质文化遗产保护单位、高水平国家级省级院团、高雅艺术形式院团、典型地方性民族性文艺院团，其中文化部直属 8 家，其余分布于各省、自治区、直辖市，有 10 个省份每省份只存有 1 家，其余省份保留的数量也不多，多数在5 家之内。

②其他文化和文物事业的体制变迁。在文化和文物事业的其他领域，包括图书馆、博物馆、其他文化展示及纪念机构、基层群众文化活动机构、文物保护与研究机构等，这些文化和文物事业单位的身份始终没有变化。在文化市场兴起的过程中，政府对其中一些机构一度疏于关注，造成生存状况不佳和无序市场行为的情况发生。从"十一五"时期开始，这些领域被确定为未来政府职能的重要领域，属于公益性文化事业（详见3.1.1）。因此，政府近年来向上述机构投入持续增长的财政资金，保证公益性文化事业的活动经费，大大提高了这些机构的免费开放程度，同时兴建和完善了基层文化设施，大大提高了公共文化服务能力。

鉴于对专业文艺院团的"转企改制"和对其他文化和文物机构的公益性的加强，本书将后期的文化和文物业体制改革，解读为对文化事业既做了"加法"，也做了"减法"。

（2）财政投入范围再认识

①文物保护与研究单位的事业投入。文物保护单位包括中央和地方不同级别的不可移动文物所在地和一些文物收藏展示地；文物科研机构承担着文物保护研究的工作，也有文物展示的职能。这些单位，属于国家文物事业单位，事业开展的经费大部分依靠财政拨款，小部分依靠收费收入等形式解决。

②公共图书馆、档案馆、博物馆、其他文化展示与纪念馆（园、地）的事业投入。上述机构，职能定位于公益性的文化事业，为全国人民提供相应的公共文化服务，近年来以及未来的发展始终是向着零门槛、免费服务的方向发展。因此，其事业发展经费主要依靠财政投入，小部分依靠收费收入和经营收入等形式解决。

③文艺创作与表演的事业投入。

第一，业内现有的文化事业单位的事业发展经费投入。这些单位包括从事文学、美术创造和表演艺术的事业单位，它们的经费主要依靠财政投入。除此之外，演出收入、其他市场收入能够对事业经费起到一定的补充作用。

第二，政府采购、奖励和补贴的文艺创作与表演活动的事业投入。在文艺创作与表演活动中，许多活动属于纯粹的市场行为，政府是不应介入的。但是，其中有一部分属于政府职能的实施，如向社会提供基本公共文化服务而购买的对农村演出、为促进文艺宣传事业发展而购买或奖励的文学与艺术创作等。这部分财政投入资金，不同于给予事业单位的事业发展经费投入，但从国家整体文艺事业发展来看，是属于事业性的投入。

④群众文化机构的事业投入。群众文化机构，包括地方基层的综合性文化中心、文化馆、群众艺术馆、文化站、文化宫、少年宫等有文化事业单位编制的机构。近年来，我国对群众文化机构的建设非常重视，新建了许多基层的群众文化机构。国家将群众文化事业纳入公共文化服务范畴，因此这些机构的事业发展经费主要依靠财政投入，而不是收费收入，群众文化活动基本采取公益性形式提供。

⑤文化和文物业承担的公共文化服务体系建设的投入。多年来财政对文化事业的投入重心之一是公共文化服务体系的建设，并已初步建立起了覆盖城乡的公共文化服务体系框架。由文化和文物业承担的建设内容很多，财政投入一般以专项资金、国家基金、地方配套财政专项资金等形式作为建设项目的资金来源。其中，主要的项目有乡镇综合文化站建设、公共文化设施免费开放、公共文化服务体系示范区建设、全国文化信息资源共享工程、数字图书馆推广工程、公共电子阅览室建设计划、特殊人群文化权益保障、文化生态保护区建设等。在未来的公共文化服务体系建设与完善过程中，建设的项目会不断调整变化，有些新的项目可能出现，有些原来的项目可能不再出现（见表4-1）。

⑥其他文化和文物事业投入。除此之外，政府还需要在文化和文物市场管理、国际文化交流、大型文化活动等方面履行职能，相应的财政投入，属于文化和文物事业投入。

4.2.2 文化和文物事业财政投入剖析

（1）文化事业费的规模与结构状况分析

我国的文化事业费，是指各级文化行政主管部门和各文化企业事业单位实际收到的本级财政拨款（或财政补贴），不含基本建设财政拨款，不包括政府作为企业所有者投入的资本，也不包括文物经费。文化事业费集中体现政府对文化事业的资金投入，是反映文化事业发展的核心指标。

①文化事业费总体规模增长，2000年后增长速度明显加快。"一五"时期文化事业费为4.97亿元，到"十一五"时期，文化事业费已经增加到1 220.40亿元，绝对数额增长了超过240倍。[①]表4-8的数据显示，我国文化事业费在增加额和增加速度上，均呈现增幅逐渐增大的态势。"十一五"时期，是改革开放以来文化事业费增长最快的一个时期，全国文化事业费年均增长19.3%，增幅高于"十五"时期3.1个百分点，高于改革开放以来最低的"七五"时期8.7个百分点。

表4-8　　　　　　各时期财政支出与文化事业费增长率情况

	文化事业费（亿元）	文化事业费增长率（%）	财政支出（亿元）	财政支出增长率（%）
"六五"时期	36.03	63.5	7 483.18	42.6
"七五"时期	62.45	73.3	12 865.67	71.9
"八五"时期	121.33	94.3	24 387.47	89.6
"九五"时期	254.51	109.7	57 043.46	133.9
"十五"时期	496.13	94.9	128 022.85	124.4
"十一五"时期	1 220.4	146.0	318 672.05	148.9

数据来源　中华人民共和国文化部.中国文化文物统计年鉴（2012）[M].北京：国家图书馆出版社，2012.

②人均文化事业费也呈现快速提高的态势。伴随着文化事业费总量的不断增加，全国人均文化事业费快速提高，2009年为21.90元，比上年增加3.13元，同比增长16.7%。2009年全国人均文化事业费约是2005年的2倍、2000年的4倍、1995年的8倍。人均文化事业费基本上呈现5年翻一番的走势（见图4-6）。

③文化事业费增长率的变化与财政总支出增长率有同向性，但后期明显低于财政支出增长率。文化事业费的总体变化走势始终围绕着财政总支出的变化规律。但是，与财政总支出的增长速度相比，文化事业费在"八五"时期之后增长速度明显降低，并始终大幅度地低于财政总支出的增速，直到"十一五"时期才有所改观。这说明，文化事业费依然"跑"不过其他财政支出项目的快速增长，直到"十一五"时期，国家加大了对公共文化服务的投入力度，这种状况才有所改观（见表4-8和图4-7）。

---

① 中华人民共和国文化部. 中国文化文物统计年鉴（2012）[M]. 北京：国家图书馆出版社，2012.

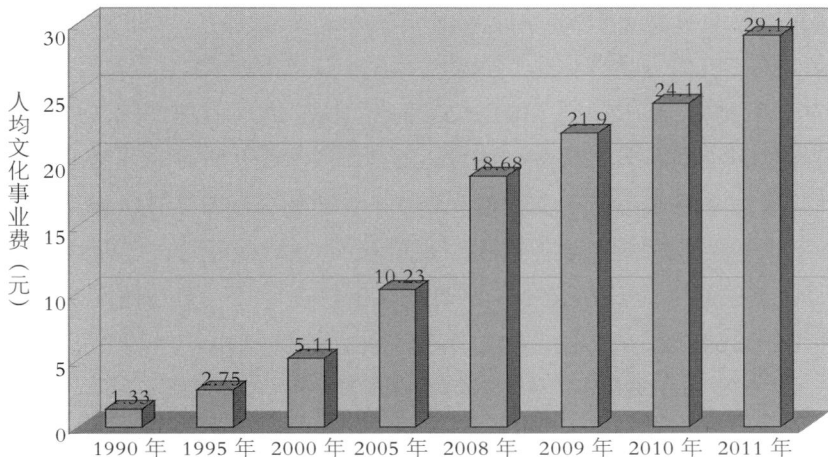

图 4-6　人均文化事业费变化走势图

数据来源　中华人民共和国文化部．中国文化文物统计年鉴（2012）［M］．北京：国家图书馆出版社，2012.

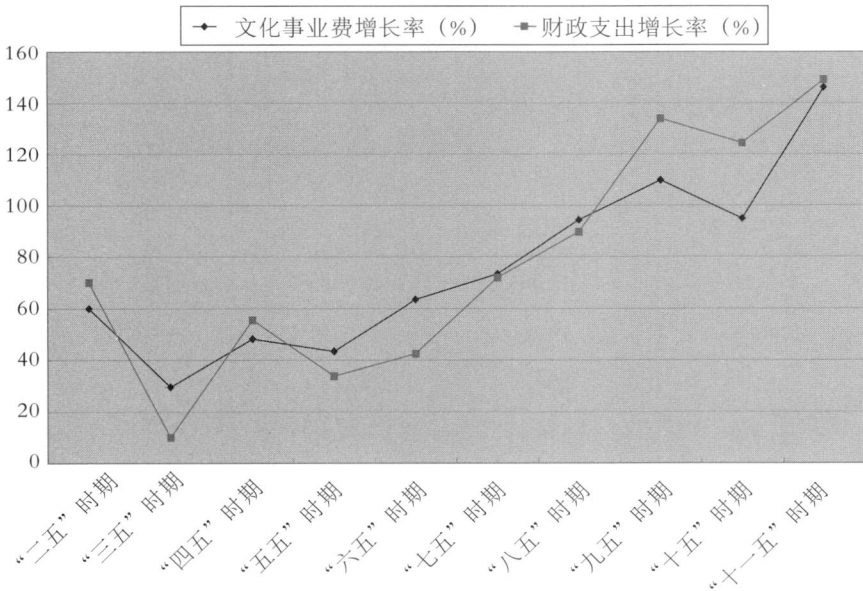

图 4-7　各时期财政支出与文化事业费增长率情况

数据来源　中华人民共和国文化部．中国文化文物统计年鉴（2012）［M］．北京：国家图书馆出版社，2012.

　　④文化事业费占财政支出的比重始终较低。我国的文化事业费占财

政支出的比重除了 1992 年以外，始终没有超过 0.5%，这个比重总体偏低。从"九五"时期后期开始，这个比重更加降低，"十五"时期比"九五"时期一下子低了 0.6 个百分点，"十一五"时期尽管文化事业费总量呈现不断攀升的趋势，但是还是比"十五"时期低了 0.1 个百分点，降到 0.38%。近几年文化事业费占国家财政总支出的比重基本维持在 0.40% 之下。2011 年，全国文化事业费 392.62 亿元，占财政支出的0.36%。这说明，虽然文化事业费本身在快速增长，但其他财政支出项目增长更加迅猛，文化事业费相对落后（见表 4-9）。

表 4-9　　　　我国文化事业费及其占国家财政总支出的比重

时间	文化事业费 （亿元）	国家财政总支出 （亿元）	占国家财政比重 （%）
"七五"时期	62.45	12 865.67	0.49
1986 年	10.74	2 204.91	0.49
1987 年	10.77	2 262.18	0.48
1988 年	12.18	2 491.21	0.49
1989 年	13.57	2 823.78	0.48
1990 年	15.19	3 083.59	0.49
"八五"时期	121.33	24 387.47	0.50
1991 年	17.28	3 386.62	0.51
1992 年	19.46	3 742.20	0.52
1993 年	22.37	4 642.30	0.48
1994 年	28.83	5 792.62	0.50
1995 年	33.39	6 823.72	0.49
"九五"时期	254.51	57 043.46	0.45
1996 年	38.77	7 937.55	0.49
1997 年	46.19	9 233.56	0.50
1998 年	50.78	10 798.18	0.47
1999 年	55.61	13 187.67	0.42

续表

年份	文化事业费（亿元）	国家财政总支出（亿元）	占国家财政比重（%）
2000 年	63.16	15 886.50	0.40
"十五"时期	496.13	128 022.85	0.39
2001 年	70.99	18 902.58	0.38
2002 年	83.66	22 053.15	0.38
2003 年	94.03	24 649.95	0.38
2004 年	113.63	28 486.89	0.40
2005 年	133.82	33 930.28	0.39
"十一五"时期	1 220.40	318 672.05	0.38
2006 年	158.03	40 422.73	0.39
2007 年	198.96	49 781.35	0.40
2008 年	248.04	62 592.66	0.40
2009 年	292.31	76 299.93	0.38
2010 年	323.06	89 575.38	0.36

数据来源　中华人民共和国文化部 . 中国文化文物统计年鉴（2011）［M］. 北京：国家图书馆出版社，2011.

⑤文化事业费总体快速增长，但是地区发展不均衡。我国各地区的文化事业费从绝对数量上来看都是大幅增加的。北京从 1980 年到 2010 年，30 年间的文化事业费增长了 140 倍，从 1990 年到 2010 年，20 年间的文化事业费增长了 35 倍，最后 10 年的涨幅也在 7 倍左右；广东从 1980 年到 2010 年，30 年间的文化事业费增长了 110 倍，从 1990 年至 2010 年，20 年间的文化事业费增长了 45 倍，最后 10 年增长近 5 倍；辽宁从 1980 年到 2010 年，30 年间的文化事业费增长了 37 倍，从 1990 年到 2010 年，20 年间的文化事业费增长了 12 倍，2010 年的文化事业费是 2000 年的 4 倍多；同样的年度比较口径，安徽是 40 倍、14 倍和 4 倍，宁夏是 30 倍、12 倍和 6 倍，贵州是 59 倍、15 倍和 5 倍，新疆是

49 倍、15 倍和 6 倍，浙江是 132 倍、35 倍和 7 倍。显而易见，各地区的增长能力是不同的（见表 4-10）。

表 4-10　　　　　　　　　各地区文化事业费情况　　　　　　　　单位：万元

地区	1980年	1985年	1990年	1995年	2000年	2005年	2006年	2007年	2008年	2009年	2010年	2011年
总计	56 073	107 188	179 376	333 853	631 591	1 338 193	1 580 281	1 989 621	2 480 404	2 923 138	3 230 646	3 926 223
中央	2 389	5 609	11 021	20 973	55 498	113 028	137 350	190 924	200 875	207 120	152 787	184 867
地方	53 684	101 579	168 355	312 880	576 093	1 225 165	144 2931	179 8697	227 9529	2 716 018	3 077 858	3 741 356
北京	1 146	2 333	4 592	8 427	24 008	64 587	63 817	126 965	148 139	139 070	161 693	179 115
天津	851	1 586	2 813	5 098	9 796	31 592	29 588	41 934	52 784	59 419	56 348	74 595
河北	2 286	3 740	6 243	11 393	18 984	39 626	44 252	45 694	51 444	67 514	70 307	93 048
山西	1 931	3 334	6 020	9 215	12 347	29 832	35 530	55 567	73 766	68 915	78 000	111 854
内蒙古	1 816	3 670	5 861	8 624	14 515	30 543	34 403	53 494	66 313	90 834	112 982	127 692
辽宁	3 022	5 748	9 417	17 525	26 790	47 578	52 538	62 905	83 172	103 852	113 430	109 256
吉林	2 199	3 899	5 911	10 613	15 711	26 566	34 257	41 470	54 629	81 951	90 327	93 047
黑龙江	2 264	4 008	6 358	10 722	16 598	33 742	36 244	50 055	54 549	66 055	74 631	87 957
上海	1 568	3 717	6 426	15 431	42 608	79 201	88 135	111 593	134 079	179 641	186 266	241 757
江苏	2 329	4 319	7 657	18 234	38 527	77 658	104 433	111 808	138 463	156 415	163 123	228 144
浙江	1 834	4 282	6 774	14 764	35 334	110 397	127 865	149 211	189 152.	210 702	242 002	288 595
安徽	1 891	3 318	5 136	8 836	15 849	30 541	35 720	45 252	50 924	68 005	76 813	91 387
福建	1 472	2 627	573	11 023	22 174	42 949	49 003	54 705	67 310	89 566	101 855	107 639
江西	1 832	3 174	4 112	7 404	10 696	23 398	27 643	34 799	45 349	66 782	73 401	69 643
山东	2 709	4 704	9 016	16 315	30 944	61 687	76 920	92 704	116 810	127 359	138 876	175 411
河南	2 455	4 528	6 883	12 447	20 948	37 708	40 066	55 121	77 833	91 641	95 143	122 440
湖北	2 541	4 801	6 349	11 268	19 367	43 585	53 757	61 138	72 181	97 863	114 389	108 101
湖南	2 467	4 658	5 989	10 525	16 564	34 771	40 083	45 699	55 775	87 969	86 133	98 805
广东	2 437	5 112	11 547	27 486	58 321	128 095	152 160	175 177	203 212	226 179	269 940	337 369
广西	1 525	2 677	4 701	8 617	14 608	28 089	34 199	35 704	50 837	68 074	80 097	82 743
海南	—	—	1 241	2 965	3 468	6 007	8 460	9 869	22 342	25 626	27 356	37 297
重庆	—	—	—	—	9 151	17 505	23 168	32 691	46 287	51 464	77 350	93 801
四川	3 501	6 135	10 037	16 905	20 500	44 523	51 651	72 605	110 798	118 242	143 902	205 784
贵州	898	2 016	3 364	4 785	9 131	18 731	23 419	29 614	38 840	53 265	53 676	74 805
云南	1 682	3 534	7 247	14 563	23 945	42 036	59 584	56 521	79 385	76 259	86 881	121 629
西藏	797	1 416	1 733	,2 124	4 264	8 003	7 959	9 797	11 101	12 921	21 050	19 239
陕西	1 990	3 269	5 758	8 583	13 976	23 462	29 038	38 865	59 995	72 478	89 457	119 207
甘肃	1 283	2 502	4 101	6 935	9 130	20 882	25 893	30 844	39 396	47 046	55 563	83 375
青海	749	1 425	1 730	2 574	3 696	7 349	10 745	13 709	14 772	25 570	41 114	34 114
宁夏	784	1 783	1 888	2 108	3 625	9 646	10 311	13 728	23 237	24 661	24 483	35 539
新疆	1 425	3 263	4 378	7 371	10 518	24 877	32 093	39 463	46 657	60 681	71 273	87 971

数据来源　中华人民共和国文化部. 中国文化文物统计年鉴（2012）［M］. 北京：国家图书馆出版社，2012.

　　从各地的文化事业费的横向比较来看，地区结构也是不均衡的。总体来看，东部地区的文化事业费财政投入大大高于中西部地区，中西部地区除四川等个别地区外，文化事业费普遍处于较低水平，而且这种差距呈现越拉越大的态势。

　　东部地区人均文化事业费高于西部和中部地区。人均文化事业费的位次排在前面的省份是北京、上海、天津、浙江，这四个地区稳居榜首。排名总体比较靠前的地区还有西藏、内蒙古、吉林、青海、宁夏、新疆。人均文化事业费较高的省份多为东部和西部地区。东部地区人均文化事业费较高主要是由于其自身经济发展水平较高，财力相对比较雄厚；部分西部地区人均文化事业费较高主要是由于中央财政转移支付较多和当地人口稀少。中部地区人均文化事业费最低，2010年为15.64元，只相当于全国平均水平的64.9%，西部地区人均文化事业费23.8元，高于中部地区。总体来看，西部地区和中部地区的人均文化事业费在许多年份均低于全国平均水平，还是东部地区普遍底子厚。另外，各地人均文化事业费差距很大。2009年人均文化事业费最高的地区为上海，达93.51元，最低的为河北，仅为9.60元，两者相差近10倍（见表4-11）。

　　西部地区的文化事业费近几年有增长强劲的表现。无论从年均文化事业费增长率指标，还是从西部地区在全国文化事业费总额中占比指标来看，西部地区的文化事业费近几年都表现出增长强劲的一面。最典型的2008年，西部地区文化事业费投入为58.76亿元，比上年增长37.6%。"十一五"时期，西部地区文化事业费年均增长25.2%，增幅高于中东部地区7.5个百分点，比以前多个时期的同一指标数增加较多。2008年和2009年，西部地区文化事业费占全国文化事业费总额均为24%，比2005年提高3个百分点；2010年该指标变为26.6%，比重进一步提高，比2005年提高5.6个百分点。形成这种现象的原因主要是，"十一五"时期以来，国家按照西部大开发总体要求，文化事业费持续向西部欠发达地区倾斜，确保西部地区文化事业发展（见表4-12）。

表 4-11　　　　　　　　各地区人均文化事业费及位次　　　　　　　单位：元

地区	1990年		1995年		2000年		2005年		2008年		2009年		2010年		2011年	
	人均经费	位次	人均经费	位次	人均经费	位次	人均经费	位次	人均经费	位次	人均经费	位次	人均经费	位次	人均经费	位次
总计	1.33		2.75		5.11		10.23		18.68		21.90		24.11		29.14	
北京	3.07	4	8.74	2	21.56	2	41.99	2	87.40	1	79.24	2	82.44	1	88.71	2
天津	2.63	6	7.56	3	10.66	4	30.29	3	44.88	3	48.38	3	43.55	7	55.05	6
河北	0.81	28	1.78	25	2.85	25	5.78	25	7.36	31	9.60	31	9.78	31	12.85	31
山西	1.57	12	3.12	15	3.86	19	8.89	16	21.63	11	20.11	16	21.84	17	31.13	16
内蒙古	2.19	8	4.13	9	6.31	11	12.8	9	27.47	7	37.50	8	45.73	5	51.45	8
辽宁	2.06	10	4.31	6	6.48	10	11.27	12	19.28	14	24.05	13	25.93	14	24.93	21
吉林	2.14	9	4.21	8	5.98	12	9.78	14	19.98	13	29.91	9	32.89	9	33.85	11
黑龙江	1.56	13	2.95	16	4.49	17	8.83	17	14.26	21	17.26	20	19.48	21	22.94	22
上海	4.55	1	13.1	1	32.24	1	44.54	1	71.02	2	93.51	1	80.92	2	103.01	1
江苏	0.99	22	2.62	18	5.45	15	10.39	13	18.04	16	20.25	15	20.74	19	28.88	18
浙江	1.42	16	3.26	13	7.85	5	22.54	5	36.94	6	40.68	6	44.46	6	52.83	7
安徽	0.78	29	1.48	28	2.52	28	4.99	30	8.30	29	11.09	29	12.91	29	15.31	28
福建	1.45	15	3.27	12	6.71	8	12.15	11	18.68	15	24.69	12	27.61	12	28.94	17
江西	0.97	23	1.94	22	2.57	26	5.43	27	10.31	26	15.07	24	16.47	25	15.52	27
山东	1.01	21	1.93	23	3.45	21	6.67	21	12.40	24	13.45	28	14.50	27	18.20	25
河南	0.7	30	1.34	30	2.2	31	4.02	31	8.25	30	9.66	30	10.12	30	13.04	30
湖北	1.05	20	2.04	21	3.26	22	7.63	19	12.64	23	17.11	21	19.98	20	18.77	24
湖南	0.84	26	1.67	26	2.54	27	5.5	26	8.74	28	13.73	27	13.11	28	14.98	29
广东	1.16	19	3.93	10	7.78	6	13.93	7	21.29	12	23.47	14	25.88	15	32.12	14
广西	0.9	24	1.93	24	3.09	24	6.03	24	10.56	25	14.02	26	17.40	24	17.81	26
海南	1.48	14	2.5	19	4.56	16	7.25	20	26.16	9	29.66	10	31.55	11	42.53	9
重庆	—	—	—	—	2.96	24	6.09	23	16.30	18	18.00	18	26.81	13	32.13	13
四川	0.85	25	1.56	27	2.44	30	5.42	28	13.61	22	14.45	24	17.89	23	25.56	20
贵州	0.83	27	1.36	29	2.48	29	5.02	29	10.24	27	14.02	25	15.45	26	21.56	23
云南	1.57	11	3.47	11	5.87	13	9.45	15	17.47	17	16.68	22	18.90	22	26.26	19
西藏	4.4	2	3.22	14	16.97	3	28.89	4	38.68	4	44.69	5	70.12	4	63.50	3
陕西	1.34	18	2.42	20	3.91	18	6.31	22	15.95	19	19.21	17	23.97	16	31.85	15
甘肃	1.4	17	2.93	17	3.6	20	8.05	18	14.99	20	17.85	19	21.73	18	32.52	12
青海	3.03	5	5.3	5	7.69	7	13.53	8	26.66	8	45.88	4	73.07	3	60.06	4
宁夏	3.18	3	4.23	7	6.54	9	16.18	6	37.60	5	39.44	7	38.85	8	55.62	5
新疆	3.32	7	5.39	4	5.87	13	12.38	10	21.89	10	28.11	11	32.67	10	39.82	10

数据来源　中华人民共和国文化部. 中国文化文物统计年鉴（2011）[M]. 北京：国家图书馆出版社，2011.

表 4-12　　　"十一五"时期文化事业费的区域投入情况

		2006 年	2007 年	2008 年	2009 年	2010 年	"十一五"时期
总量（亿元）	全国	158.03	198.96	248.04	292.31	323.06	**1 220.40**
	西部地区	34.30	42.70	58.76	70.15	85.78	**291.69**
	中东部地区	123.73	156.26	189.28	222.17	237.28	**928.72**
增长速度（%）	全国	18.1	25.9	24.7	17.8	10.52	**19.4**
	西部地区	22.1	24.5	37.6	19.4	22.28	**25.2**
	中东部地区	17.0	26.3	21.1	17.4	6.80	**17.7**
比重（%）	全国	100.0	100.0	100.0	100.0	100.0	**100.0**
	西部地区	21.7	21.5	23.7	24.0	26.6	**23.9**
	中东部地区	78.3	78.5	76.3	76.0	73.4	**76.1**

数据来源　中华人民共和国文化部. 中国文化文物统计年鉴（2011）[M]. 北京：国家图书馆出版社，2011；文化部财务司. "十一五"以来我国文化事业费投入情况分析［EB/OL］.［2011－01－05］. http://www.ccnt.gov.cn/sjzznew2011/cws/whtj_cws/201111/t20111128_153309.html.

⑥从文化事业费的城乡结构来看，近年来的投入向农村倾斜。农村文化事业费在指标上体现为各级财政对县及县以下剧团、图书馆、文化馆以及文化行政主管部门等文化机构的经费投入。其余文化事业费则为对城市投入的文化事业费。近年来，我国政府加大了财政投入对农村的倾斜力度，文化投入坚持重心下移。

从"十一五"时期的表现来看，农村文化事业费的增速和比重总体在提高。"十一五"时期农村文化事业费年均增长 26.78%，增幅高于城市文化事业费 10.3 个百分点。尤其是 2010 年，农村文化事业费增长速度达到 35.3%，而城市文化事业费几乎保持原有水平，没有增长，也就是说，政府把当年增加投入的文化事业费几乎全部倾斜到农村基层文化事业建设中了。农村文化事业费占全部文化事业费的比重，除了 2008年以外，也在逐年增长。2010 年尤为突出，农村文化事业费占全部文化事业费比重猛增到 36%，比前一年提高了 6.6 个百分点，比 2005 年提高了 9.3 个百分点（见表 4−13）。

表 4−13　　　　"十一五"时期文化事业费的城乡投入情况

		2006年	2007年	2008年	2009年	2010年	"十一五"时期
总量（亿元）	全国	158.03	198.96	248.04	292.31	323.06	1 220.40
	农村投入	44.60	56.13	66.59	86.03	116.41	369.76
	城市投入	113.43	142.83	181.45	206.29	206.65	850.64
增长速度（%）	全国	18.1	25.9	24.7	17.8	10.52	19.40
	农村投入	24.9	25.9	18.6	29.2	35.3	26.78
	城市投入	15.6	25.9	27.0	13.7	0.2	16.48
比重（%）	全国	100.0	100.0	100.0	100.0	100.0	100.0
	农村投入	28.2	28.2	26.8	29.4	36.0	30.3
	城市投入	71.8	71.8	73.2	70.6	64.0	69.7

数据来源　中华人民共和国文化部. 中国文化文物统计年鉴（2011）［M］. 北京：国家图书馆出版社，2011；文化部财务司. "十一五"以来我国文化事业费投入情况分析［EB/OL］. ［2011−01−05］. http://www.ccnt.gov.cn/sjzznew2011/cws/whtj_cws/201111/t20111128_153309.html.

（2）文物业事业费的规模与结构状况分析

本书讨论的我国的文物业事业费，是指各级文物科研机构、文物保护管理机构、博物馆等文物业单位实际收到的本级财政拨款，不含基本建设财政拨款，不包括政府作为企业所有者投入的资本。该指标集中体现了政府对文物事业的资金投入，是反映文物事业发展的核心指标。文物业事业费的分布具有特殊的规律性，对于全国的总体规模来说，文物业事业费可能与国民经济总体状况具有一定的联系，但是，各地区的文物业事业费的多少主要是随各地文物业机构的分布情况而变化，并不一定与各地经济状况有直接的关系。当然，在某些特殊的情况下，也可能受到当地经济状况的影响。

①文物业事业费近年来总体规模增长幅度大。根据所掌握的近 10 年来我国文物业事业费投入的情况来看，我国对文物事业的投入是重视的，投入的增长幅度较大，2002—2006 年，财政拨款达到 142.4 亿元，较前 5 年投入的 44 亿元增长了 223%，增幅不小；在接下来的 5 年间，我国文物业财政拨款额猛增到 500 多亿元，增长率进一步提升到比前 5 年增加 335% 的幅度。这说明，我国近 10 年来对文物业的事业投入持续增加，重视程度也在提升（见表 4-14）。

表 4-14　　　　　　　我国文物业事业费 10 年概况

时间	文物业事业费（亿元）	增长率（%）
2002—2006 年	142.4	223
2007—2011 年	505.4	355

数据来源　文化部财务司. 中国文化文物统计年鉴（2010）[M]. 北京：国家图书馆出版社，2010；单霁翔. 文化遗产保护：迎来新机遇（繁荣发展的五年）[N]. 人民日报，2007-10-19.

目前掌握的 2007 年以后的我国文物业事业费规模数据显示，增加额和增加速度均呈快速增长走势，说明国家近年来对文物事业发展的重视。5 年来的增长速度均大大超过财政支出的增长速度，2008 年增速差距为 20.2 个百分点，2009 年增速差距为 17.4 个百分点，2011 年增速差距为 14.4 个百分点。可见，文物业事业费增长速度超过财政总支出，增长速度的幅度非常大。正因如此，带动文物业事业费占财政支出的比重逐年上升，每年稳定上升约 0.01 个百分点（见表 4-15 和图 4-8）。

表 4-15　　　　　近年来文物业事业费与财政支出总量增长情况

年份	文物业事业费		财政支出		文物业事业费占财政支出的比重（%）
	绝对额（亿元）	增长率（%）	绝对额（亿元）	增长率（%）	
2007 年	48.18	28.9	49 781.35	23.2	0.10
2008 年	70.30	45.9	62 592.66	25.7	0.11
2009 年	97.95	39.3	76 299.93	21.9	0.13
2010 年	122.44	25.0	89 575.38	17.8	0.14
2011 年	166.57	36.0	109 247.79	21.6	0.15

数据来源　中华人民共和国文化部. 中国文化文物统计年鉴（2012）［M］. 北京：国家图书馆出版社，2012；财政部官网（www.mof.gov.cn）.

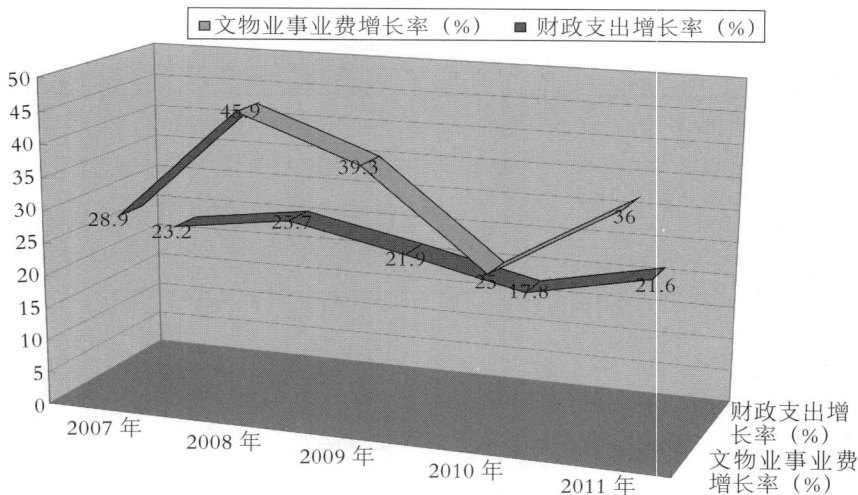

图 4-8　近年来财政支出与文物业事业费增长率情况

数据来源　中华人民共和国文化部. 中国文化文物统计年鉴（2012）［M］. 北京：国家图书馆出版社，2012；财政部官网（www.mof.gov.cn）.

②文物业事业费增长率的变化与财政总支出具有同向性，并具有较大的弹性。将文物业事业费的年增长幅度与财政总支出的年增长幅度进行比对分析，不难发现二者的走势具有一定的同向性，同时又有差异，主要差异在于上面提到的文物业事业费增长幅度远远超过财政总支出的

增长幅度，具有较大的弹性。这说明，国家在政府财力增加的情况下，有所倾斜地加大了对文物业的财政投入（见表4-15和图4-8）。

③文物业事业费占财政支出的比重较低。从文物业事业费占财政支出的比重来看，总体规模还是偏小，与我国的文物规模相比，这个比重需要在未来一段时间内继续得到适当的提升。这种偏小，反映在现实中就是大量应保护文物处于保护之外或者疏于管理；保护范围之内的文物，保护措施不够先进。文物事业亟须国家给予更多的重视（见表4-15）。

④文物业事业费在地区间存在投入不够均衡的现象。2007—2011年文物业事业费在全国各地的分布情况显示，我国各地区的文物业事业费从绝对数量上看都是大幅增加的。但是，从文物业事业费与各地区文物机构数的对比情况来看，存在某些地区文物机构与文物业事业费投入不够匹配的问题。以2011年的样本数据为例。2011年，北京的文物机构数量位次仅列第25位，文物业事业费额度却位列全国第5位；天津的文物机构数量位列第31位，文物业事业费投入却位列全国第20位；辽宁的文物机构数量位列第22位，文物业事业费却位列较前的第13位；上海的文物机构数量位列第28位，文物业事业费却居第16位；浙江的文物机构数量位列第10位，文物业事业费却名列第3位；广东的文物机构数量位列第14位，文物业事业费却处于第7位；重庆的文物机构数量排名仅为第26位，文物业事业费投入却排在第18位。上述省份均为文物业事业费跃居文物机构数量排序名次之前超过6个位次的情况，这些情况无一例外地均发生在东部经济较发达省份和4个直辖市。

再看看另一种情况，即文物业事业费落后于文物机构数量排序名次超过6个位次的情况。黑龙江的文物机构数量排名为第13位，但是文物业事业费的排名仅为第28位；安徽的文物机构数量排名为第8位，文物业事业费排名却在第21位；江西的文物机构数量排名为第17位，文物业事业费排名却在第23位；云南的文物机构数量位列第11位，文物业事业费投入却位列第28位；差距最大的是西藏，文物机构数量位居榜首，文物业事业费投入却仅为第26位，反差实在太大。综合这些文物业事业费落后的地区，可以发现全部居于西部和中部经济不发达地区。上述分析说明，我国的文物业事业费存在东部地区投入较充足而西部和中部部分经济落后省份投入不足的现象，这是一种不均衡的表现，是文物业事业费投入存在的问题之一，需要在今后进行适当的调整，使得各地区文物事业机构的规模与文物业事业费的规模相匹配（见表 4-16）。

表 4-16　　2011 年各地区文物业事业费及文物机构规模情况

	事业费（万元）	位次 1	机构数（个）	位次 2
北京★	89 551	5	96	25
天津★	32 177	20	28	31
河北	64 735	10	254	6
山西	89 114	6	225	9
内蒙古	40 396	17	147	20
辽宁★	50 305	13	132	22
吉林	20 566	27	112	24
黑龙江☆	17 581	28	205	13
上海★	41 348	16	44	28
江苏	80 144	8	328	3
浙江★	93 736	3	211	10
安徽☆	29 163	21	226	8
福建	32 267	19	153	19
江西☆	27 750	23	185	17
山东	65 226	9	238	7
河南	92 768	4	312	5
湖北	42 281	15	175	18
湖南	48 330	14	193	16
广东★	81 116	7	201	14
广西	28 382	22	142	21
海南	9 814	30	32	29
重庆★	36 835	18	92	26
四川	105 250	2	323	4
贵州	21 793	24	131	23
云南☆	17 567	28	209	11
西藏☆	21 106	26	466	1
陕西	105 830	1	363	2
甘肃	50 470	12	207	12
青海	21 787	25	53	27
宁夏	6 258	31	31	30
新疆	50 668	11	201	14

数据来源　中华人民共和国文化部. 中国文化文物统计年鉴（2012）[M]. 北京：国家图书馆出版社，2012.

（3）文化和文物业投资的规模与结构

①文化事业基本建设投入绝对数额自"六五"时期以来一直有大幅增加，而相对比重有大幅下降。"十一五"时期的投资额是新中国成立初期的78倍以上，是"六五"时期的8倍以上，"十一五"时期的投资额增加额较前几个时期增加幅度有大幅度提高，"十一五"时期前4年的投资额就达到"九五"时期的2倍多。原因在于，我国在"十一五"期间加大了对公共文化服务设施的投入，主要在基层乡镇文化站等建设上投入大量资金。但是，这项指标的增加速度远远"跑"不过国家基建投资总额。拿下面的速度加以比较："十一五"时期前4年的文化事业基建投资额是新中国成立初期的78倍以上，是"六五"时期的8倍以上，是"九五"时期的2倍多；而"十一五"时期前4年的国家基建投资额是新中国成立初期的790倍以上，是"六五"时期的123倍以上，是"九五"时期的7倍多。两相比较，谁快谁慢，一目了然。正因为如此，从"六五"时期开始，文化事业基建投资占国家基建投资的比重一直向下滑落，到"十五"时期开始低于0.1%。总体来看，我国的文化事业基建投资占国家基建投资的比重到"六五"时期达到历史最高的0.75%，之后一路下滑，直至"十一五"时期的历史最低比例0.05%（见表4-17和图4-9）。

表4-17　　各时期文化事业基建投资占国家基建投资比重

	文化事业基建投资（亿元）	国家基建投资（亿元）	文化事业基建投资占国家基建投资比重（%）
"一五"时期	2.58	531.19	0.49
"二五"时期	1.97	944.38	0.21
三年调整期	0.40	371.74	0.11
"三五"时期	2.38	871.28	0.27
"四五"时期	2.67	1 454.72	0.18
"五五"时期	3.77	1 696.40	0.22
"六五"时期	25.68	3 410.09	0.75
"七五"时期	29.09	7 286.00	0.40
"八五"时期	53.12	23 545.69	0.23
"九五"时期	98.80	56 547.00	0.17
"十五"时期	136.39	150 602.00	0.09
"十一五"时期前4年	203.39	421 200.90	0.05

数据来源　文化部财务司. 中国文化文物统计年鉴（2010）[M]. 北京：国家图书馆出版社，2010.

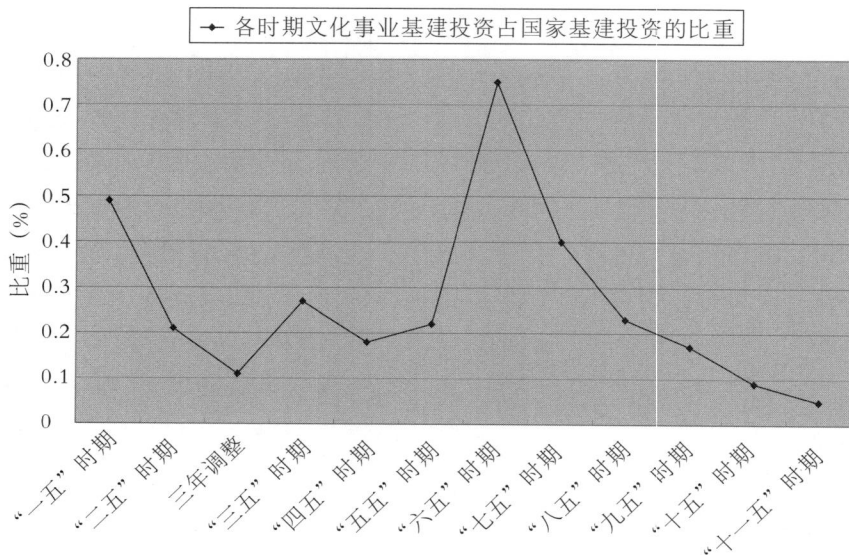

图 4-9　各时期文化事业基建投资占国家基建投资的比重情况

数据来源　文化部财务司.中国文化文物统计年鉴（2010）［M］.北京：国家图书馆出版社，2010.

②文化和文物业投资自"十五"时期以来规模加大。"十五"时期为 640 亿元，"十一五"时期为 2 521 亿元，增幅接近翻两番（见表4-18）。

表 4-18　　　　　　我国分区域文化和文物业投资完成情况

		"十五"时期	"十一五"时期
完成投资 （亿元）	全国	640	2 521
	东部地区	416	1 344
	中部地区	106	611
	西部地区	117	565
占全国的比重 （%）	全国	100.0	100.0
	东部地区	65.0	53.3
	中部地区	16.7	24.2
	西部地区	18.3	22.4

数据来源　中华人民共和国文化部财务司.中国文化设施投资情况分析［EB/OL］.［2012-11-07］. http：//www.ccnt.gov.cn/sjzznew2011/cws/whtj_cws/201211/t20121107_267150.html.

③"十一五"时期以来，文化和文物业投资向西部和农村等经济落后地区有所倾斜。中西部地区文化和文物业投资增长速度明显高于东部地区，这主要缘于国家资金政策持续向中西部欠发达地区倾斜。"十一五"期间，东部地区文化和文物业累计完成投资 1 344 亿元，占全国的53.3%，仍是全国文化投资的主体，但占全国文化和文物业投资的比重比"十五"期间回落了 11.7 个百分点；中部地区为 611 亿元，占 24.2%，比"十五"期间提高了 7.5 个百分点；西部地区为 565 亿元，占 22.4%，比"十五"期间提高了 4.1 个百分点（见表 4-18 和图 4-10）。

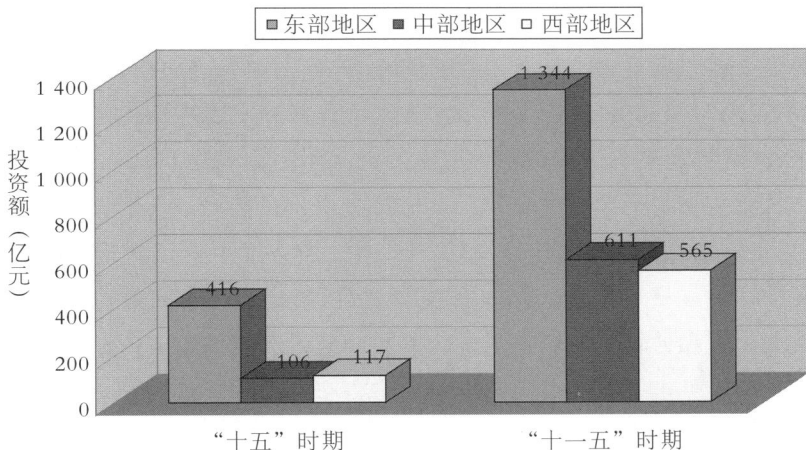

图 4-10 我国分区域文化和文物业投资完成情况对比

数据来源 中华人民共和国文化部财务司. 中国文化设施投资情况分析［EB/OL］.［2012-11-07］. http：//www.ccnt.gov.cn/sjzznew2011/cws/whtj_cws/201211/t20121107_267150.html.

另外，据统计，"十一五"期间文化和文物业投资总量居前 5 位的省份是山东、江苏、河南、内蒙古、广东，5 省区完成投资占全国文化和文物业投资的 41.3%；文化和文物业投资总量居后 5 位的省份是西藏、海南、青海、甘肃和贵州，五省区完成投资总量占全国文化和文物业投资的比重仅为 2.88%。从以上情况看，文化设施的发展水平还很不平衡，虽然现在国家在竭力调整这种失衡，从图 4-10 中能够看到"十一五"时期这种失衡比例在缩小，但真正解决失衡问题尚需时日，城乡之间、发达地区和欠发达地区之间依然存在着较大差距。

从城乡结构的角度考察文化事业基础设施投资，据测算，2002—2011 年，全国竣工的 32 854 个公共文化设施项目中，县及县以下的占 99%。全国竣工项目面积 2 448 万平方米中，县及县以下占 88%。这说明，我国的文化事业投资近年来向农村倾斜。但是应该看到，这只是刚刚起步，这种倾斜必须保持一段较长的时间，才能扭转城乡间文化基础设施的巨大差距。

④文化和文物事业投资中，向博物馆业与群众文化业两个方向倾斜。根据文化部的相关数据，"十一五"期间，博物馆业和群众文化业投资量最大，两者占整个文化和文物业投资的近一半。博物馆业累计完成投资 593 亿元，占文化和文物业总投资的 23.5%；群众文化业累计完成投资 593 亿元，占 23.5%；文化艺术场馆累计完成投资 414 亿元，占16.4%；文物及文化保护业累计完成投资 424 亿元，占 16.8%。

从年均增长幅度看，文物及文化保护业投资年均增长率最高，达到 61.5%，群众文化业年均增长率为 48.4%，居第 2 位。二者远高于文化和文物行业投资的平均年增长率 35.8%。显然，文化和文物业投资向着群众文化业和博物馆业倾斜最大，其次向艺术表演场馆建设和文物保护适当倾斜（见表 4-19）。

表 4-19　　"十一五"时期我国文化和文物业投资分行业情况

主要指标	完成投资（亿元）	年均增速（%）	占文化文物总投资的比重（%）
总计	2 521.08	35.8	100.0
文化创作与表演业	92.03	20.2	3.7
艺术表演场馆业	413.81	34.9	16.4
图书馆业	174.68	19.7	6.9
群众文化业	592.86	48.4	23.5
文物及文化保护业	423.75	61.5	16.8
博物馆业	593.29	28.0	23.5
文化艺术经纪代理业	13.40	—	0.5
其他文化艺术业	217.25	44.8	8.6

数据来源　中华人民共和国文化部财务司. 中国文化设施投资情况分析〔EB/OL〕.〔2012-11-07〕. http://www.ccnt.gov.cn/sjzznew2011/cws/whtj_cws/201211/t20121107_267150.html.

⑤ "十一五"时期，对文化和文物事业的基建投资渠道更加多元化，改变了原来政府独揽的局面，形成了由中央政府、地方政府、企业、民间多方投资的新格局。据统计，"十一五"时期，文化和文物业设施建设到位资金 2 627 亿元，其中自筹资金占 61.3%，国家预算内资金占 20.9%，国内贷款占 8.4%，外资占 0.5%，其他资金占 8.1%。自筹资金已经成为建设资金的主体（见表 4-20）。

表 4-20   "十一五"时期文化和文物业投资到位资金的资金来源结构状况

时间	到位资金（亿元）	国家预算内资金（亿元）	占到位资金比重（%）	自筹资金（亿元）	占到位资金比重（%）
"十一五"时期	2 626.78	548.31	20.9	1 610.37	61.3
2006	214.90	44.33	20.6	126.40	58.8
2007	373.02	87.07	23.3	200.92	53.9
2008	499.43	106.18	21.3	315.03	63.1
2009	684.09	136.08	19.9	416.54	60.9
2010	855.34	174.68	20.4	551.48	64.5

数据来源　中华人民共和国文化部财务司. 中国文化设施投资情况分析［EB/OL］.［2012-11-07］. http://www.ccnt.gov.cn/sjzznew2011/cws/whtj_cws/201211/t20121107_267150.html.

政府投资虽然并不独揽，但是政府投资的资金带动作用显著。"十一五"期间实施的国家级大型文化项目主要有国家大剧院、国家图书馆二期、国家博物馆新馆、梅兰芳大剧院、国家话剧院剧场等，实施的大型地方文化项目主要有：广西壮族自治区民族博物馆、河南文化艺术中心、深圳保利剧院、湖北琴台大剧院、上海世博会场馆、福州市三坊七巷保护修复工程、宁波文化广场、广西南宁市民中心等。一方面，"十一五"时期以来这些大型文化设施投资占整个文化艺术业投资的比重总体上在 60% 左右，对整体文化和文物业投资的拉动作用非常大；另一方面，中央财政的投资作为主导，带动了整体文化和文物业的投资。中央财政既加大了本级文化设施建设力度，如国家大剧院、国家图书馆二期、国家博物馆新馆等，又加大了对地方文化设施建设的转移支付力度，并适度向中西部地区和农村基层地区倾斜。例如，"十一五"期间中央财政共投入 39.48 亿元补助全国 2.67 万个乡镇综合文化站建设项目，带动地方配套资金 50 亿元左右。在实施规划时，中央财政对国家级贫困县、西部地区，特别是西藏地区给予了重点倾斜。目前，在全国范围内实现了"乡乡有文化站"。

4.2.3　文化和文物事业财政投入的评价

（1）主要成效

①成功完成了文化和文物事业体制改革的阶段性目标。按照国家深化文化体制改革的统一部署，国有文艺院团的体制改革幅度很大。按"转制一批""整合一批""撤销一批""划转一批""保留一批"的改革路径，将大批原来的文化事业单位中的国有文艺演出团体，转为"面向市场、增强活力"的营利性文化企业，注销了事业单位的建制和事业人员的编制。到 2012 年，全国转企改制的院团共有 2 100 多家，仅剩 120 多家确有必要政府支持的非营利性事业单位院团。这项改革使未来的财政投入不必再投向这些本可以在市场上高效率配置资源的文化企业，节省了财政资金，同时也促进了国家将有限的财政资金用于必要领域。在改革过程中，为保证参与体制改革的原事业单位文艺院团能够顺利过渡，国家专门出台政策，规定"转制前由各级财政安排的正常事业经费，转制后在一定期限内继续拨付"，"通过安排文化产业发展专项资金、宣传文化发展专项资金等渠道，对转制文艺院团重点产业发展项目予以支持，分批为县级转制文艺院团配备流动舞台车、交通车，资助转制文艺院团更新设备、改善排练和演出条件"，"鼓励以政府购买服务或按场次补贴等方式，支持转制文艺院团深入基层、深入群众，培育和引导农村演艺市场"，"在同等条件下，优先安排转制文艺院团承办或参演"。①应当说，财政投入保障了上述改革过程的顺利推进，也有力地扶持了某些稚嫩的文化产业，起到了"扶上马，送一程"的作用。

---

① 中共中央宣传部、文化部：《关于加快国有文艺院团体制改革的通知》，文政法发〔2011〕22 号。

②文化事业资金投入方式得到改进，资金效率得到提升。为提高财政资金使用效率，文化事业的资金投入方式更加灵活多样，采取奖励、购买、补助、专项资金、配套专项资金、政府性基金等多种投入方式。例如，政府的公益性演出多数不再采取兴办事业供养演出院团的方法，而是采取政府购买企业性演出院团的演出场次的方法，即"企业经营、市场运作、政府购买、群众受惠"，文化演出事业大大降低了支出成本；国家新设立的艺术基金项目，对需要扶持和鼓励的文化艺术人才、文化艺术活动进行资金投入，采取项目资助的办法，项目目标明确，评价、激励与约束机制比较健全，财政投入效率较高；政府在各地建设公共文化服务体系示范区，中央采取奖励补助办法，带动地方政府加大财政投入，东、中、西部每个示范区补助和奖励标准分别为400万元、800万元和1 200万元，每个示范项目补助和奖励标准分别为50万元、100万元和150万元，采取这种办法，中央财政3亿元投入，据统计能够带动地方投入大约100亿元。

③文化和文物事业的资金来源渠道有所拓宽。近年来，国家越来越重视文化事业的发展，文化事业的财政投入越来越多。但是，面对众多的事业项目，财政投入显露不足。因此，拓宽资金来源渠道成为当务之急。我国比照一些发达国家的成功做法，已经将彩票公益金收入纳入文化事业发展的资金来源。这可算是非税收入纳入文化事业资金来源的一大进步。财政部、文化部在"十二五"时期从中央彩票公益金中安排32.5亿元预算资金，主要用于国家艺术基金相关项目20亿元（2011年已安排2亿元）及城市社区文化中心（文化活动室）设备购置专项资金12.5亿元（2011年已安排2.5亿元）。[①]这是我国历史上首次用彩票公益金安排文化项目。

④财政投入保证了公共文化服务体系框架的建立。多年来财政对文化事业的投入重心之一是公共文化服务体系的建设，并已初步建立起了覆盖城乡的公共文化服务体系框架。由文化和文物业承担的建设内容主要有六级公共文化设施网络建设中的县级文化馆和乡镇文化站建设、公

---

① 佚名. 为文化改革发展提供强力支撑——十七大以来我国财政文化投入与管理综述 [N]. 中国文化报，2012-06-26.

共文化设施的免费开放、公共文化服务体系示范区建设、全国文化信息资源共享工程、数字图书馆工程、电子公共阅览室计划等（详细情况参见表 4-1）。

⑤在文化体制改革基础上，艺术演出市场在商业演出和公益演出两方面都取得发展。文艺院团体制改革以后，艺术演出市场解放了生产力，表现出更大活力，总体的演出场次、演出收入大幅增长。从2007 年以来的情况看，除 2008 年受金融危机影响，演出市场有所萎缩外，其他年份均保持了较高增长的态势。2010 年全国 6 864 个艺术表演团体全年共演出 137.15 万场，年增长 14.1%，平均每团演出将近200 场；2011 年全国 7 055 个艺术表演团体全年共演出 154.72 万场次，年增长 12.8%，平均每团演出 219 场有余。2010 年演出收入 34.27亿元，年增长 18.9%，平均每团收入近 50 万元；2011 年演出收入52.81 亿元，年增长 25.4%，平均每团收入近 75 万元，年增长 50%。同时，公益演出有保障，赴农村演出比重进一步提高，社会效益有力彰显。2010 年全国艺术表演团体共组织政府采购的公益演出场次5.67 万场，年增长 13.2%；2011 年该指标上升到 8.27 万场，年增长45.7%。2010 年公益演出观众人次为 6 807 万人次，年增长 20.2%；2011 年该指标为 7 800 万人次，年增长 14.6%。2010 年政府采购的公益演出补贴收入 2.28 亿元，年增长 14.6%；2011 年该补贴收入 3.99 亿元，年增长 75.0%。[①]

⑥财政持续增加投入，支持博物馆和图书馆等事业综合服务功能的提升。财政持续增加投入，使国家文物机构数量稳定递增。到 2011 年，全国 5 728 家文物单位拥有文物藏品 3 018.54 万件。文物机构向社会提供的文物业服务也持续提升，具体体现可见表 4-21。

财政大力支持全国博物馆免费开放工作，中央财政连续几年安排博物馆免费开放专项经费，2009 年和 2010 年，中央财政安排专项资金 20亿元，2011 年安排专项资金 30 亿元，重点补助地方博物馆、纪念馆免

---

① 中华人民共和国文化部. 中国文化文物统计年鉴（2012）[M]. 北京：国家图书馆出版社，2012.

表 4-21　　　　　　　　　　近年我国文物机构举办陈列展览情况

年份	文物陈列展览		观众	
	数量（万个）	增长率（%）	人次（亿人次）	增长率（%）
2007 年	1.07	36	4.54	144
2008 年	1.57	47	3.54	−22
2009 年	1.65	5	4.32	22
2010 年	1.97	20	5.21	21
2011 年	1.92	−0.25	5.67	9

数据来源　文化部计划财务司，国家文物局办公室. 中国文化文物统计年鉴（2008）[M]. 北京：国家图书馆出版社，2010；文化部财务司. 中国文化文物统计年鉴（2009）[M]. 北京：国家图书馆出版社，2009；文化部财务司. 中国文化文物统计年鉴（2010）[M]. 北京：国家图书馆出版社，2010；中华人民共和国文化部. 中国文化文物统计年鉴（2011）[M]. 北京：国家图书馆出版社，2011；中华人民共和国文化部. 中国文化文物统计年鉴（2012）[M]. 北京：国家图书馆出版社，2012.

费开放和提升服务能力所需资金。到 2011 年，全国博物馆总数达 2 650 个，免费开放的达 2 115 个，占全国博物馆总量的 80%，2011 年接待观众 36 991 万人次，占全国博物馆参观人次的 78.6%。[1]博物馆公共文化服务能力进一步增强。

　　财政对图书馆的投入稳步增加，支持图书馆的服务提升。2009 年，各级财政对公共图书馆财政拨款达到 55.1 亿元，比 2000 年增长 295.4%，年均增长 16.4%。[2]"十五"时期以来，公共图书馆机构基本实现在全国范围的全覆盖，人员结构逐步优化，设施状况得到一定的改善，信息化水平显著提高，文献资源也日益丰富。总之，图书馆的社会服务能力得到较大提升。

　　⑦财政投入资金支持了文物普查和一系列文化文物工程。[3]2007—

---

①　中华人民共和国文化部. 中国文化文物统计年鉴（2012）[M]. 北京：国家图书馆出版社，2012.
②　文化部财务司. "十五"以来全国公共图书馆发展情况分析 [EB/OL]. [2011-01-05]. http://www.ccnt.gov.cn/sjzz/jhcws/cwswhtj/201101/t20110105_86172.html.
③　文化部财务司. 中国文化文物统计年鉴（2009）[M]. 北京：国家图书馆出版社，2009；文化部财务司. 中国文化文物统计年鉴（2010）[M]. 北京：国家图书馆出版社，2010；中华人民共和国文化部. 中国文化文物统计年鉴（2012）[M]. 北京：国家图书馆出版社，2012.

2011 年，我国政府进行了历时 5 年的第三次文物普查工作。截至 2009 年年底，中央和地方各级财政累计投入普查经费 10.43 亿元。到 2011 年普查结束，登记的不可移动文物数量达 766 722 处，比上一次普查结果翻了一番。国家还进行了一系列的具有历史文物价值的文化文物工程，如中华善本再造工程，三峡大坝、南水北调、西气东输、高铁等工程涉及的文物保护工程以及文物修复工程等。

中华善本再造工程，由财政部、文化部共同主持，2002 年正式立项建设，属国家重点文化工程，由财政部拨付专项资金，到 2007 年结束第一期，全部资金由政府投入，共计投入资金 1 亿多元。2008 年启动二期工程，与一期工程完全由政府投入运作不同，二期属于政府补贴和市场营销相结合，利用一期工程所积累的销售收入滚动发展，政府不再投入专项经费。

三峡文物保护项目：1996 年起三峡工程库区文物的抢救性保护和发掘开始进行，国家投入专项经费 10 余亿元，前后有 72 家考古单位参与该项工作，截至 2008 年共完成 700 多项地下文物点的发掘以及 300 多处古建筑和石刻的异地搬迁或原地保护。

（2）存在的主要问题

①文化和文物事业发展的资金投入仍显不足。随着我国综合国力的增强，各级财政对文化和文物事业的投入有所增加。比如，"十五"期间，全国文物事业财政拨款 125.45 亿元，比"九五"期间增加 75.25 亿元，增幅为 151%。但是由于历史欠账太多，基数较低，文化和文物事业的投入所占财政支出的比重仍然非常低，文化和文物事业开展受到资金的限制。比如，文化事业费指标近年来一直在 0.4% 以下且不断回落。2010 年和 2011 年，文化事业费占财政支出的比重一直维持在 0.36%，是改革开放以来的最低点。①相对于其他事业费占财政支出比重的大幅增长，近些年文化事业费占财政支出的比重却在一直回落，文化与其他社会事业的差距被逐渐拉大。

文物事业投入不足还有其自身的原因，主要有事业盘子扩大和经济

---

① 中华人民共和国文化部. 中国文化文物统计年鉴（2011）［M］. 北京：国家图书馆出版社，2011；中华人民共和国文化部. 中国文化文物统计年鉴（2012）［M］. 北京：国家图书馆出版社，2012.

发展带来的冲击等。事业盘子扩大,是指文物界定发生变化,从"文物"保护走向"文化遗产"保护,事业范围扩大很多;经济发展带来的冲击,主要指工业化、城市化建设对文物保护带来前所未有的冲击,保护文化遗产比任何时候都严峻,抢救任务更加繁重,保护成本大大增加。这些原因造成我国目前文物保护资金增长落后于文物事业发展的实际需求。

②文化事业发展水平仍然不均衡。发展不均衡的问题是我国整体经济与社会发展的老问题。尽管近年来国家加大了对农村文化事业的投入力度,相继实施了乡镇综合文化站建设工程、文化信息资源共享工程等一系列文化工程,城乡文化事业差距有所缩小,但从整体上看,城乡文化事业发展不平衡的态势尚无根本改观,从近年来县公共图书馆和文化馆部分指标占全国比重可以看出城乡文化差距依旧明显。比如,2011年全国乡文化站组织品牌节庆活动和公益讲座活动为 0,当年县级图书馆机构数约为全国总数的一半,但总藏量只相当于全国总数的 1/6,新购藏量不足全国新购藏量的 1/7。[①]从区域情况看,受经济发展水平、自然环境条件、历史文化传统等多种因素影响,我国文化事业的发展存在着较大的区域差异,中西部地区文化事业发展水平远远落后于东部地区。这主要是由于中西部地区文化事业投入积累不够和增加有限,东部地区财政对文化的投入近年来能占到全国将近一半。公共文化设施的建设水平,东西部之间、发达与欠发达地区之间很不平衡,需要财政进一步加大对中西部地区公共文化设施建设的扶持力度。

③资金投入方式仍待改进。虽然我国文化事业的财政投入方式已经做了许多改进,财政投入的资金效率得到了一定的提升,但是某些财政投入的方式仍然不够科学。比如,某些项目投入采取"一刀切"的配套投入,可能造成某些地方财政相对困难的地区被迫放弃项目,损失发展机会,或者干脆玩起"假唱",靠假配套来套取中央补助。因此,本书认为,文化和文物事业的财政资金投入需要采取更加切合实际的、更加灵活多样的方式,需要进一步的改进和创新。

---

① 中华人民共和国文化部. 中国文化文物统计年鉴(2012)[M]. 北京:国家图书馆出版社,2012. 根据相关数据计算得来。

④公共文化设施建设仍需加强。虽然近些年来国家在文化设施建设方面投入力度很大，但是总体来看，文化设施规模较小、建设年代久远的问题仍十分突出，文化设施状况仍需进一步加以完善。据 2011 年文化部的统计，全国 7 055 个艺术表演团体实际使用房屋建筑面积 526.24 万平方米，平均每团 745.91 平方米。但实际使用房屋建筑面积小于 200 平方米的院团有 3 860 个，无排练练功用房的院团有 5 467 个，分别占到了艺术表演团体总数的 54.7% 和 77.5%。再以文化馆为例，据统计，全国有 166 个群众艺术馆、928 个文化馆建成于 1990 年以前，分别占群众艺术馆、文化馆总量的 43.8%、31.9%。

相对于我国的大量人口来说，我国的公共图书馆总量十分有限，与国际标准的"5 万人拥有一座图书馆"比起来，我国的公共图书馆需要增加多倍才够。就现有的公共图书馆的状况来看，设施仍然比较落后，面积不足，建设年代久远，业务经费和活动经费严重不足，财政投入大部分都用在了人员支出上，公共文化服务能力偏弱，需要财政加大投入改善现存窘况。

⑤群众文化机构人员配备不足，有碍于基层文化事业作用的发挥。以乡镇综合文化站为例，2011 年，全国乡镇综合文化站 34 139 个，从业人员 78 148 人，平均每站 2.3 人。其中，专职人员 44 366 人，平均每站 1.3 人。全国仍有 13 896 个乡镇综合文化站没有专职人员，占乡镇文化站总数的 40.7%。人员的不足，影响文化站事业的开展，使得文化事业的前期投入没有发挥充分的作用，这是今后财政投入不可忽略的问题，即不仅仅在乎设施的建设，还要配套相应的人员和管理软件，以便使财政投入真正发挥作用。

⑥财政对文物事业的资金投入覆盖面狭窄。我国是个文明古国，也是一个文化遗产大国，全国各地大部分的文物点和一般文物尚在政府管控和公共财政的覆盖之外，也没有其他社会组织的跟进，大量需保护的文化遗产和文物处于散落无人管护的状态。另外，在属于政府部门管控的文物中，尚有许多处于文物事业覆盖之外，比如军队、宗教单位等。真正能够得到文物事业财政投入照顾的文物范围很窄。由于我国国土面积大，历史久远，文物众多，即使是这样覆盖面并不宽的文物事业财政

投入，由于文物业资金来源的单一性强，也使财政资金的责任显得很重，相对于文物业亟须扩大的覆盖面来说，财政投入很难解决问题，这个问题将会较长时期困扰我国。

⑦社会资金对文化和文物事业的投入渠道不畅。与一些国家社会团体积极参与文化和文物事业的情况有所不同，我国的文化和文物事业得到的来自社会的资金投入少之又少。造成这种情况的原因是多方面的。其中一个原因是国家和民众对社会参与提供文化和文物事业的认识不足。中国不缺少富豪，但还比较缺少像比尔·盖茨和巴菲特那样慷慨捐助公益慈善事业的富豪；中国也不缺少赚钱的企业，但还比较缺少反哺社会、兴办公益事业的企业。全社会对文化事业投入的认识不足，使得文化和文物部门向社会筹集资金的努力变得艰难。还有一个原因是政府对社会资金投入文化和文物事业的鼓励政策不足。我国的税收法律政策，在企业所得税和个人所得税中有关于捐赠公益性文化事业的优待措施（详见4.1.1），但是这些鼓励措施并不足够，与一些国家的税收政策相比，我国在这方面相对较弱。对文化事业捐助的税收优待，既是一种经济刺激，又是一种荣誉和褒奖，如果政府在政策规定方面优待幅度不够，就是没有给予文化事业捐助行为足够的荣誉与奖励，这种社会示范作用当然不够好。再一个原因是我国目前公益组织建设滞后。我国的公益慈善组织的数量不多，而且这些组织近年来面临公信力下降、募资不畅、体制瓶颈等问题，吸纳社会捐助的能力极其有限，新的公益慈善组织兴办乏力，造成我国的公益组织建设整体严重不足。这种状况阻碍了社会资金顺利流向文化事业，亟须尽快重建并大力发展我国的社会公益组织事业。

4.3 我国新闻出版广电事业财政投入的现实分析

4.3.1 新闻出版广电事业体制变革和财政投入范围重新归纳

讨论我国新闻出版广电事业财政投入问题，首先需要明确其财政投入范围。在我国现阶段，文化体制改革给该事业带来的体制变革非常大，财政投入范围的变化也随之发生巨大调整。因此，唯有首先搞清楚体制状况，才能够理解我国新闻出版广电事业目前的财政投入范围，才能试图为我国未来的体制优化和财政投入优化提出建议。

（1）体制变革

依时间维度进行考察，新闻出版广电事业的体制演进轨迹大概可以用几个典型的阶段性特征来概括。

①初始：政府统揽的广电事业与新闻出版事业。在广电事业中，以广播电视台站即播报部门为核心部门，配以广电网络与技术等软硬件设施，和节目制作部门构成广电事业的基本生产部门；新闻出版业涵盖了图书、报纸、期刊、音像、电子、网络媒体的编辑、印刷、复制、发行等方面。广电和新闻出版是传媒业的核心组成部分，也是文化业的重要组成部分。体制变革之前的多年来，我国政府一直十分重视宣传工作，牢牢把握着宣传权，传媒被视为宣传教育和意识控制的最重要阵地，实际上就是牢牢把握着广播电视的播报权、报刊及其他出版物的编辑出版权，连带着牢牢把握着新闻采编权、节目制作权等，使得广电部门和新闻出版单位毫无疑问地成为政府统揽的事业单位，采取行政化管理，各单位从本级财政获得资金支持，自行采编、制作、播报和出版，完成政府赋予的宣传职责。在这种体制条件下，新闻出版广电事业的创造性受到极大束缚，偏重于宣传功能，弱化了新闻传播、信息交流、文化娱乐等功能。事实上，直到现在，我国关于该事业的准入规定依然是严控的，按照我国的制度规定，非公有资本不得投资设立广播电台（站）、电视台（站）、广播电视发射台（站）、转播台（站）、广播电视卫星、卫星上行站和收转站、微波站、监测台（站）、有线电视传输骨干网等；不得利用信息网络开展视听节目服务以及新闻网站等业务；不得经营报刊版面、广播电视频率频道和时段栏目，等等。①只是现在的控制不是对市场的控制，而是对资本的控制。

②改变：市场的兴起。国民经济的发展，创造了市场需求。随着经济的发展和收入水平的提高，人民日益增长的物质和文化需求带来对广

---

① 国务院：《关于非公有资本进入文化产业的若干决定》，国发〔2005〕10号。

电传播和出版物需求的增加。随着经济体制改革的深入和社会主义市场经济体制的逐步建立，我国的广电和新闻出版由过去的纯事业型逐步向产业型方向发展已成为可能。

1986年12月，珠江经济广播电台建立，自此开始了广播电视的产业化前奏。随后，上海、北京、武汉等地也相继建立了经济电台。广播电视的经济属性和产业功能开始为人们所认识和开发。1990年之后，电视台经营收入已经普遍存在并逐渐成为主要资金来源。以中央电视台的广告收入为例，1991年达到10亿元，2001年达到60亿元，10年内经营收入增长了6倍。受到西方商业电视台的影响，我国也出现了制播分离的市场行为，从20世纪90年代中后期开始，出现了专门为电视台制作节目的民营电视机构，并且经过若干年的市场培育，这些民营广播电视机构拥有了一定的市场空间。出版发行业内，出版社开始有了经营性活动，在经营方式上有了面向全国的市场推广、出版内容上开始了"地方化、群众化、通俗化"的改变，出版物市场越来越走近大众，出现了《读者》等一大批出版物市场的宠儿。1992年以后，我国的发行业零售环节向民营资本开放，允许组建出版发行集团，出版社开始尝试协作出版、自费出版等新的市场型出版形式。但是总体来看，这时的文化事业性质并没有任何实质性的触动。

③快车道：产业化巨变。进入21世纪后，尤其在党的"十六大"之后，在国家整体产业发展的规划指导下，我国的新闻出版广电事业开始了一系列的产业化改革，文化体制在许多领域发生了质的变化，出现了跨媒体、跨行业经营的传媒集团，有些已经变成企业集团，大量的原有文化事业单位转变为文化企业或者企事分开。

第一，广播电视的资源整合与市场成长。在广播电视系统的体制创新过程中，最大的动作算是2000年后开始的广播电视媒体单位的资源整合。广电集团"巨无霸"纷纷建立，后期广播电台和电视台纷纷合并成为广播电视台。目前，我国已经有10余个广电传媒集团。这种巨大的混合体，既不是企业集团，也不是事业单位集团，里面包罗了太多的体制形式和分配形式。以湖南广电集团为例，湖南广播影视集团于2000年12月成立，是中国第一家省级广电传媒集团，跨媒体、跨行业经营。集团下辖 10 个电视频道、1 个电影子集团、5 个广播频率、3 家公开发行的报刊、1 家综合性新闻网站、十几家全资或控股公司。控股的一家上市公司——电广传媒，被业界称为"中国传媒第一股"。这个集团以湖南卫视为龙头，发展势头迅猛，卫视覆盖范围扩至北美、欧洲、澳洲、日本和东南亚。2006 年，集团总收益为 30 亿元。湖南卫视属于国有事业单位，但其已经运营多家商业性公司实体。这种广电集团实际上已经做足了市场功课，蕴藏的生产力得到了进一步的解放。广播电视台，不同于原来的广播电台和电视台，通常由原来处于同一城市或地区的若干家广播电台、电视台和广播电视报社等媒体单位合并而成，集广播、电视、报纸、网络、新媒体等多种业务为一体，我国的许多省级和市级电台电视台都已经合并成为广播电视台，成为省级、市级广播电视综合传媒机构，事业单位的性质没有变化。这种合并，实现了资源的整合，使原有的媒体资源无论是设备还是人员都产生更大的效能。所以，人们近年来会发现一个主持人在电台和电视台都做节目的现象。在广播、电视台内部，还产生了许多现代文化企业，如广告公司、影视公司、新媒体公司、有线电视公司等。这些企业有的与原台有着"母子"关系，有的与原台存在控股关系，因此与原台有着经济上的利益关系，往往成为原台的经济来源。

第二，电影业的成功产业化。自 20 世纪 90 年代开始，中国的电影业逐步推进了产业化改革，目前来看，中国的电影业基本实现了市场化运行。把电影市场区分为生产阶段与放映阶段两大块进行考察分析会看到，无论是电影生产过程还是电影放映过程，其投资项目都具有私人投资能够承担、有较高市场投资收益率的特点，这样的投资项目可以吸引市场投资。我国目前已经有 850 家电影制作发行放映单位转为企业。电影业大范围改制以来，以华谊兄弟为代表的电影生产企业和以万达院线为代表的电影放映企业风生水起，成为近年来我国经济增长的一个亮点领域，票房屡屡破纪录。可以说，电影业的体制改革交出一份分数不低的答卷。

第三，出版发行业的成功产业化。出版发行体制改革早在 2003 年就开始试点，2006 年 8 月开始全面实施，成为文化业中规划较早、体制改革较彻底的一个分支，文化生产力得到解放。出版发行业出现跨地区、跨行业、跨部门的并购和重组，国家通过集团化、股份制改造、企业重组等方式，培育传媒集团公司，大批事业单位进行"转企改制"，传媒企业成功上市融资，非公有资本开始进入传媒领域。2006 年 10 月，上海新华传媒股份有限公司成功"借壳上市"，成为我国出版发行企业中第一家上市公司。2007 年 5 月，四川新华文轩连锁股份有限公司在中国香港挂牌上市，成为我国出版发行上市企业的内地第二家、香港第一家。到 2012 年 12 月，我国有 580 家出版社、3 000 多家新华书店、38 家党报党刊发行单位从事业单位性质改变为文化企业；仅中央各部门出版单位就核销事业编制 1.8 万多个；全国 3 388 种应转企改制的非时政类报刊已有 96.5% 完成改制任务。中央级出版单位，除人民出版社、民族出版社、中国盲文出版社、中国藏学出版社 4 家保留事业体制，其他全部转制为企业。[①] 至 2012 年年底，新闻出版企业中已有 49 家上市公司，还有 35 家 IPO 排队企业。

④目前的体制概况。综合来看，我国的上述传媒业中，电影业和新闻出版业基本完成了事业单位的全面企业化，行业内留存的事业单位数量很少，都是根据宣传和公益事业发展需要确定要由国家兴办的文化事业单位。而广播电视业有所不同，大量的广播台、电视台和广播电视台属于事业单位，市场化经营；广播电视传输网络单位基本都已企业化，成为有线电视公司；发射台和传输站属于比较单纯的事业单位。此外，在系统内还存在着许多诸如广告公司、影视公司等媒体公司，它们是完全的市场主体。

⑤展望：新闻出版广电事业的体制趋势。按照政府原定的时间表，到 2020 年，中国将形成新的事业单位管理体制和运行机制。从现有的体制格局来看，如果未来继续推行事业单位的体制改革的话，广播电视系统将成为改革的主要对象。到底需要如何把握改革的分寸，还应该参考世界各国对公共广播电视和商业广播电视的做法（参见 5.2.6）。同时，对于已经明确为"转企改制"后留存的新闻出版广电事业单位，未

---

① 中共中央办公厅：《关于深化中央各部门各单位出版社体制改革的意见》，中办发〔2005〕16 号。

来需要继续深化体制改革，主要在内部运行机制上进行优化，以求财政投入的效率。

（2）财政投入范围重新归纳

①广播电视事业单位的事业投入。

第一，广播台、电视台和广播电视台的经费。这些台自文化体制改革以来一直属于自收自支、独立核算的事业单位，实行企业化管理，现在有些已经不提"企业化管理"了，只称作存在市场经营行为的事业单位。无论如何称谓，这些台都是主要依赖于市场筹措发展资金，经济收益基本都是很好的，能够做到在市场上良好生存。因此，许多城市电台、电视台等都主要靠自己解决发展资金，财政投入并不多，只是在个别项目上，主要是政府专门项目或者大型基建项目，才有大额的财政拨款。理论上说，广播台、电视台和广播电视台的经费来源于三个方面：一是行政事业费，是纳入预算管理的财政性资金，包括预算拨款和事业收入，主要是收费收入；二是广告类收入；三是政府因宣传需要而给广播电视台的宣传活动项目费用。以中央电视台为例，从 2006 年开始，国家规定中央电视台每年将广告收入的 15% 上缴中央财政，广电总局事业发展所需资金由财政预算予以安排而不是用中央电视台上交的营业性收入，对中央电视台在财务上实行"国家政策支持、财政定项补助、独立经济核算、自求收支平衡的企业化管理"模式。

第二，传输站和发射台的资金投入。广布全国的广播电视传输站和发射台，全部都是政府兴建、事业管理。这些建设支出和事业支出均是财政性资金的承担内容，来源主要包括政府拨款和事业收费。

②新闻出版事业单位的事业投入。相对于广播电视业，新闻出版业已经完成了体制改革的阶段性任务，因此，事业单位投入也相对简单，主要投向为数不多的政治性、公益性新闻出版事业单位，包括事业经费、项目投入和建设投入。

③新闻出版广电事业承担的公共文化服务体系建设的投入。多年来财政对文化事业的投入重心之一是公共文化服务体系的建设，并已初步建立起了覆盖城乡的公共文化服务体系框架。由新闻出版广电事业承担的建设内容很多，财政投入一般以专项资金、国家基金、地方配套财政

专项资金等形式作为建设项目的资金来源。其中主要的项目有广播电视村村通工程、西新工程、农村电影放映工程、国家出版重点工程、少数民族出版工程（"东风工程"，一期已结束，二期正在进行）、农家书屋工程、全民阅读工程、文化环境保护工程等。在未来的公共文化服务体系建设与完善过程中，建设的项目会不断调整变化，有些新的项目可能出现，有些原来的项目可能不再出现（见表4-1）。

④促进社会和谐发展的宣传事业投入。新闻出版广电事业承担着政府赋予的一部分新闻宣传、政治宣传、意识宣传的任务，因此，政府需要给予其一定的资助，现在经常以项目费、专项经费的形式出现。比如，在国家电影事业发展基金和电影精品专项资金中，均规定了资助影片的题材：表现党、国家、军队重大历史事件和重要人物；反映中国反帝反封建的革命题材；新中国建设与改革题材，等等。在广播、电视、新闻、出版物等众多媒体中，都有这样的宣传项目。

4.3.2　新闻出版广电事业财政投入剖析

在研究该事业财政投入的现实表现时，遇到了数据查询的瓶颈。由于客观原因，这部分的数据资料远没有像文化和文物事业分析部分那样丰富，这不能不说是个暂时性的遗憾，但它同时也成为未来持续探究的动力之一。目前明确可得并适用于本书进行分析的相关数据可见于财政部官方公布的2010年和2011年的财政决算数据。

（1）广播影视事业财政投入的数量状况分析

①2010年和2011年广播影视财政投入的规模状况。我国用于广播影视的财政支出，总体来看是在大幅增长。2011年的数据显示，当年政府投在广播影视方面的财政支出总体是大幅提高的，年增长率为47.9%。同财政总支出结合起来分析，广播影视支出的相对规模在扩大，2010年为0.36%，2011年上升到0.44%。2011年广播影视支出的增长速度远远超过了财政支出的增长速度。2011年广播影视支出大幅增长的主要拉动力来自于电视投入和其他广播影视投入，数据显示当年电视和其他广播影视投入年增长率达到77.8%和63%，而这些变化皆是因为我国在这一年加大了电视覆盖公共设施工程的投入（见表4-22和表4-23）。

表4-22　2010年、2011年广播影视财政投入与财政总支出基本情况

年份	广播影视支出		财政总支出		广播影视支出占财政总支出比重（%）
	支出额（亿元）	年增长率（%）	支出额（亿元）	年增长率（%）	
2010年	326.10	5.3	89 575.38	17.34	0.36
2011年	482.26	47.9	108 929.67	21.61	0.44

数据来源　财政部官网（www.mof.gov.cn）.

表4-23　　2010年、2011年财政对广播影视事业的投入情况

项目	2010年			2011年		
	支出额（亿元）	比重（%）	年增长率（%）	支出额（亿元）	比重（%）	年增长率（%）
行政运行	35.84	11.0	4.8	44.83	9.3	25.1
一般行政管理事务	8.74	2.7	14.2	9.17	1.9	4.9
机关事务	1.95	0.6	7.7	2.79	5.8	43.7
广播	73.14	22.4	−0.9	85.35	17.7	16.7
电视	103.72	31.8	22.6	184.38	38.2	77.8
电影	18.11	5.6	17.1	21.44	4.4	18.4
广播电视监控	7.48	2.3	−23.8	8.58	1.8	14.7
其他广播影视支出	77.12	23.6	−6.4	125.72	26.1	63
总计	326.10	100	5.3	482.26	100	47.9

数据来源　财政部官网（www.mof.gov.cn）.

②2010年和2011年广播影视财政投入的结构状况。全部广播影视财政投入中，主要投入方向为广播影视投入，行政和机关事务的比重较小。在广播影视投入中，国家用在广播和电视上的财政投入比重最大，二者合在一起的比例超过50%；用在电影上的财政投入比例很小，只有5%左右的比重。这是因为，中国电影业已经实现体制改革的主体工程，走上了市场化的道路；而在广播和电视领域内，公共领域范围很大，体制上依然以沿袭为主，文化事业范围较大（见表4-23）。

总体来看，广播电视投入的地方投入比例两年的数字均在80%以上，除中央级广播电视监控投入占全国监控总投入的比重超过50%之

外，其余项目的横向比重都是地方支出较大，说明中央和地方在广播电视监控及其他职能中的侧重各有不同。在广播、电视、电影和其他广播影视投入这四个项目中，中央级的广播投入在横向比重和纵向比重上都比较大，这是缘于中央财政在广播事业和广播覆盖基础设施方面的投入较多。电视的投入中地方比重非常高，横向比重达到96%以上，纵向比重达到35%以上，说明电视事业的政府职能主要是通过地方政府行使的。还有一个现象需要引起注意，就是行政与机关事务的支出在中央与地方间的比重差距还是很大的。2010年，中央级的行政与机关事务的支出占中央级广播影视投入的比重仅为6%，而地方的行政与机关事务支出占地方广播影视投入的比重却达到16%；2011年，中央级的该比重进一步降低为不足5%，而地方的该比重却超过13%。这种反差应该引起足够的注意，地方的行政运行、行政管理事务与机关事务的比重应当适当降低（见表4-24和图4-11）。

表4-24 　　2010年、2011年中央和地方广播影视事业投入的结构情况

项目	2010年						2011年					
	中央			地方			中央			地方		
	支出（亿元）	横向比重（%）	纵向比重（%）	支出（亿元）	横向比重（%）	纵向比重（%）	支出（亿元）	横向比重（%）	纵向比重（%）	支出（亿元）	横向比重（%）	纵向比重（%）
行政运行	0.24	0.7	0.4	35.60	99.3	13.1	0.26	0.6	0.3	44.57	99.4	11.0
一般行政管理事务	2.42	27.7	4.4	6.32	72.3	2.3	2.53	27.6	3.3	6.64	72.4	1.6
机关事务	0.69	35.4	1.3	1.26	64.6	0.5	0.82	29.4	1.1	1.97	70.6	0.5
广播	34.07	46.6	62.2	39.07	53.4	14.4	28.73	33.7	37.9	56.62	66.3	13.9
电视	6.36	6.1	11.6	97.36	93.9	35.9	6.63	3.6	8.8	177.75	96.4	43.7
电影	3.77	20.8	6.9	14.34	79.2	5.3	3.50	16.3	4.6	17.94	83.7	4.4
广播电视监控	4.66	62.3	8.5	2.82	37.7	1.0	4.45	51.9	5.9	4.13	48.1	1.0
其他广播影视支出	2.56	3.3	4.7	74.56	96.7	27.5	28.82	22.9	38.1	96.90	77.1	23.8
总计	54.77	16.8	100	271.33	83.2	100	75.74	15.7	100	406.52	84.3	100

数据来源　财政部官网（www.mof.gov.cn）.

注：表中"横向"与"纵向"的意义仅就表中行文的位置而言。

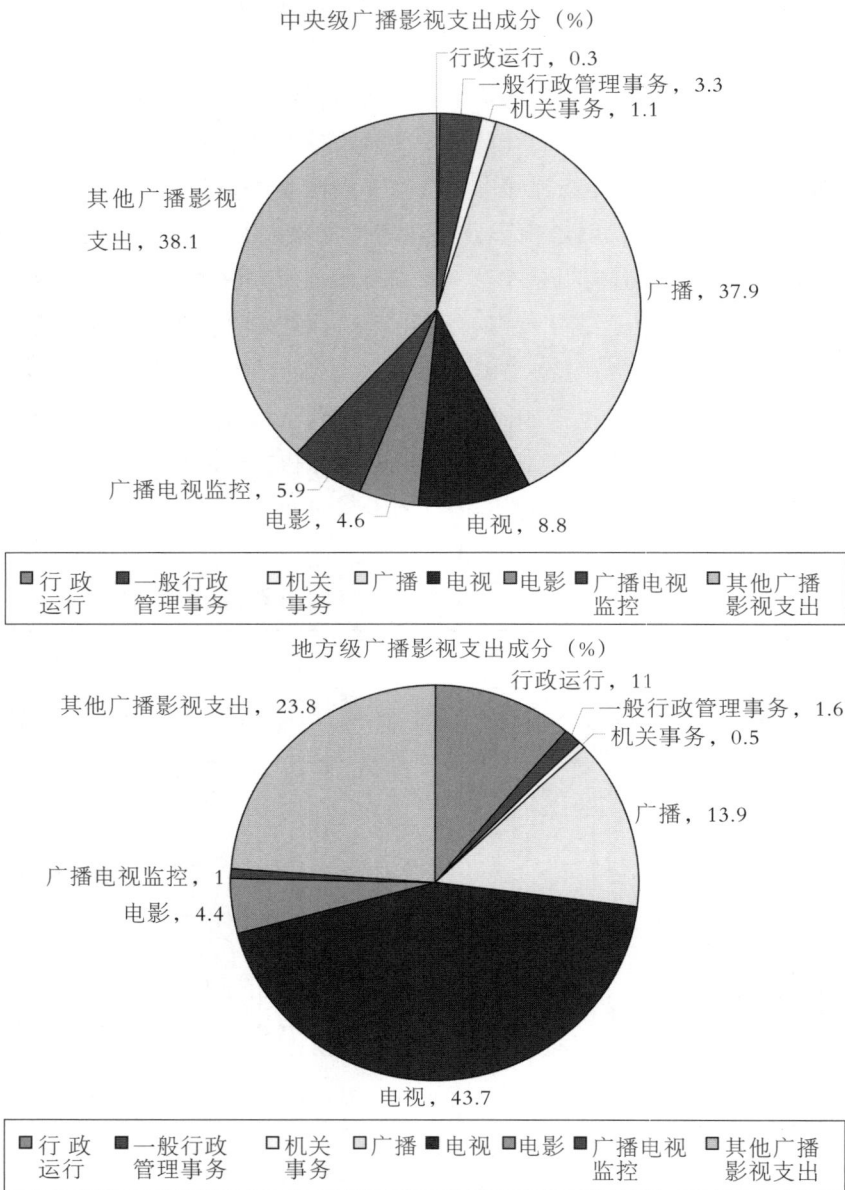

图 4-11　2011 年中央与地方广播影视财政投入的成分情况

数据来源　财政部官网（www.mof.gov.cn）.

（2）新闻出版事业财政投入的数量状况分析

①2010年和2011年新闻出版事业财政投入的规模状况。2010年和2011年，用于新闻出版的财政投入都出现了高增长率，2010年的年增长率高达42.3%，2011年的年增长率高达24.4%，增长较快。究其具体原因，是新闻通讯、出版发行、版权管理、出版市场管理和其他新闻出版支出几项指标的高速增长带来了总体的增长，而行政管理和机关事务的支出还在减少，这种增长的结构性布局是健康的（见表4-25）。

表4-25　　2010年、2011年财政对新闻出版事业的投入情况

项目	2010年			2011年		
	支出额（亿元）	比重（%）	年增长率（%）	支出额（亿元）	比重（%）	年增长率（%）
行政运行	5.77	6.1	6.7	5.82	5.0	0.8
一般行政管理事务	2.55	2.7	−34.3	2.50	2.1	−2.0
机关事务	0.32	0.3	−5.9	0.37	0.3	18.2
新闻通讯	20.53	21.7	61.9	20.71	17.6	0.9
出版发行	28.86	30.6	18.4	42.08	35.8	45.8
版权管理	0.51	5.4	−12.1	0.75	0.6	46.9
出版市场管理	1.19	1.3	21.4	1.22	1.0	2.4
其他新闻出版支出	34.68	36.7	91.5	43.97	37.4	26.8
总计	94.41		42.3	117.43		24.4

数据来源　财政部官网（www.mof.gov.cn）.

由于新闻出版事业投入的总体规模相对于财政总支出的规模来说太小，因此，虽然两年中新闻出版财政投入的增长率不低，远远超过财政支出的年增长率，但是新闻出版财政投入占财政总支出的比重基本没有改观，始终在0.1%的水平（见表4-26）。新闻出版财政投入在总体的文化传媒财政投入中的比重处于较低水平，2010年和2011年的比重都处于7%的水平。上述比重指标，无论是新闻出版财政投入占财政总支出的比重，还是新闻出版财政投入占文化传媒财政投入的比重，都说明

新闻出版财政投入的总体规模相对较小。这没有好与不好之分，只是一种状态。这种状态的原因主要是我国近年来文化体制改革的结果，即政府将绝大部分的新闻出版单位"转企改制"，企业化经营后，企业支出在财政预算中再无反映。从某种角度来说这是进步，因为这样的财政投入规模说明政府对新闻出版的干预少了，政府职能发生了调整，新闻出版的自由度更大了（见图 4-2）。

表 4-26　　2010 年、2011 年新闻出版财政投入与财政总支出基本情况

年份	新闻出版支出		财政总支出		新闻出版支出占财政总支出比重（%）
	支出额（亿元）	年增长率（%）	支出额（亿元）	年增长率（%）	
2010 年	94.41	42.3	89 575.38	17.34	0.1
2011 年	117.43	24.4	108 929.67	21.61	0.1

数据来源　财政部官网（www.mof.gov.cn）.

②2010 年和 2011 年新闻出版事业财政投入的结构状况。相关数据资料显示，中央和地方的新闻出版财政投入各有侧重，在一定程度上反映出中央和地方政府在新闻出版事业中的职能分工。除去行政运行、机关事务等项目，将其他指标进行比较，会看到中央级财政投入中占大头的项目是新闻通讯、出版发行。中央级新闻通讯财政投入，两年中占中央与地方新闻通讯全部投入的 90% 和 86.5%；中央级出版发行财政投入，两年中占中央与地方出版发行全部投入的 60% 左右；并且，在中央级新闻出版财政投入中，上述两项占 90% 以上的比重。这些指标充分说明，中央级新闻出版事业侧重完成的政府职能在于新闻通讯和出版发行，中央政府对新闻与出版的权力相对非常集中，掌握着较大的影响力。在版权管理支出中，虽然该项支出占全部新闻出版财政投入的比重在数字上显得毫不重要，只有不到 1%，但是从其内部结构上看，中央级的财政投入和地方的财政投入基本平分秋色，说明版权管理属于中央与地方共同承担的政府职能，中央政府承担的责任很大。随着我国对于版权管理的重视，该指标未来具有增大的趋势。在出版市场管理的总体

财政投入中，地方政府的财政投入占据了 80% 以上的比重，其他新闻出版支出的地方投入部分也占了 60% 左右的比重，说明二者为地方政府职能的主要体现，其他新闻出版支出近年来安排了很多通过地方政府实施的公共文化建设项目。将行政运行、行政与机关事务综合起来考察，在中央级财政投入中，这部分投入占的比重很小，两年的比重分别为 5% 和 4%，地方财政投入中的该比重相对大一些，两年的比重分别为 12% 和 9%。值得肯定的是，这个比重在中央和地方均呈现下降的走向。相对来看，应当继续努力将地方财政支出中的该比重降到更低（见表 4-27 和图 4-12）。

表 4-27　　2010 年、2011 年中央和地方新闻出版事业投入的结构情况

| 项目 | 2010年 | | | | | | 2011年 | | | | | |
| | 中央 | | | 地方 | | | 中央 | | | 地方 | | |
	支出（亿元）	横向比重（%）	纵向比重（%）	支出（亿元）	横向比重（%）	纵向比重（%）	支出（亿元）	横向比重（%）	纵向比重（%）	支出（亿元）	横向比重（%）	纵向比重（%）
行政运行	0.43	7.5	1.1	5.34	92.5	9.8	0.51	8.8	1.1	5.31	91.2	7.4
一般行政管理事务	1.54	60.4	3.9	1.01	39.6	1.8	1.28	51.2	2.8	1.22	48.8	1.7
机关事务	0.09	28.1	0.2	0.23	71.9	0.4	0.12	32.4	0.3	0.25	67.6	0.3
新闻通讯	18.47	90.0	46.6	2.06	10.0	3.8	17.92	86.5	39.5	2.79	13.5	3.9
出版发行	18.05	62.5	45.5	10.81	37.5	19.7	23.88	56.7	52.6	18.20	43.3	25.3
版权管理	0.30	58.8	0.8	0.21	41.2	0.4	0.30	40.0	0.7	0.45	60.0	0.6
出版市场管理	0.17	14.3	0.4	1.02	85.7	1.9	0.22	18.0	0.5	1.00	82.0	1.4
其他新闻出版支出	0.61	1.8	1.5	34.07	98.2	62.2	1.14	2.6	2.5	42.83	97.4	59.4
总计	39.66	42.0	100	54.75	58.0	100	45.37	38.6	100	72.06	61.4	100

数据来源　财政部官网（www.mof.gov.cn）.

注：表中"横向"与"纵向"的意义仅就表中行文的位置而言。

中央级新闻出版财政投入成分（%）

一般行政管理事务，2.8
其他新闻出版支出，2.5
出版市场管理，0.5
版权管理，0.7
行政运行，1.1

新闻通讯，39.5

出版发行，52.6

机关事务，0.3

■行政 运行	■新闻 通讯	□机关 事务	□出版 发行	■版权 管理	□出版市场 管理	■其他新闻 出版支出	□一般行政 管理事务

地方新闻出版财政投入成分（%）

一般行政管理事务，1.7
行政运行，7.4
新闻通讯，3.9
机关事务，0.3

出版发行，25.3

其他新闻出版支出，59.4

版权管理，0.6
出版市场管理，1.4

■行政 运行	■新闻 通讯	□机关 事务	□出版 发行	■版权 管理	□出版市场 管理	■其他新闻 出版支出	□一般行政 管理事务

图 4-12　2011 年中央与地方新闻出版财政投入的成分情况

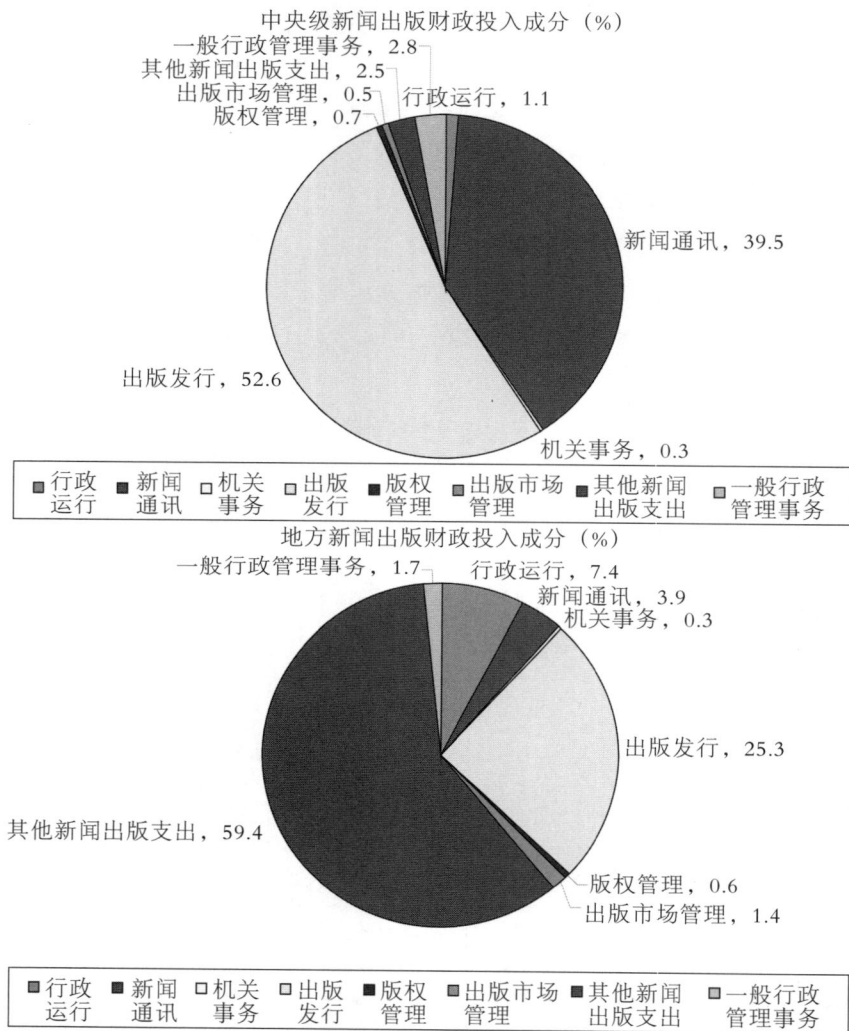

数据来源　财政部官网（www.mof.gov.cn）.

4.3.3　新闻出版广电事业财政投入的评价

（1）主要成效

①完成了出版发行体制改革的阶段性目标。按照国家深化文化体制改革的统一部署，出版发行业的体制改革比较早并且比较彻底，按照

"区别对待、分类指导，循序渐进、逐步推开"的原则进行"转企改制"，将绝大部分原来的文化事业单位中的出版发行单位，转为"增强活力、提高竞争力"的出版发行企业，注销了事业单位法人和事业人员编制。体制改革完成后，新闻出版业内形成新的出版物市场格局，以公有制为主体、多种所有制共同发展，以少数承担政治性和公益性出版任务的出版发行单位为事业单位，以大多数满足大众全方位精神文化需求的出版发行单位为企业单位。在转企基础上，大量的出版发行企业进行了法人治理结构的制度调整，并上市一批企业。改革解放了文化生产力，同时又使未来的财政投入减轻了负担，节省了财政资金，当然也促进将有限的财政资金用于其他必要的公益性传媒事业。

②转变了文化事业资金投入方式，提高了支出效率。为提高财政资金使用效率，财政改变了以往比较单一的财政投入方式，对文化传媒的公益性、公共性项目，采取奖励、购买、补助、专项资金、配套专项资金、政府性基金等多种投入方式。例如，政府的农村电影放映工程采取"企业经营、市场运作、政府购买、群众受惠"的办法，效果非常好，财政做到了"不养人，只买事"，大大降低了支出成本。再比如，政府对重大出版物的出版和主旋律电影的财政支持，采取国家出版基金和电影事业发展基金项目资助的办法，项目目标明确，评价、激励与约束机制比较健全，财政投入效率可观。

③创新事业运行机制，引导社会力量参与兴办。在广播电视设备提供、安装服务、运行维护和电影放映以及视听新媒体发展等领域，社会力量异常活跃。政府通过购买公益服务，采取委托、代理、合作等方式调动社会各方面力量参与公共服务。目前，农村放映队中相当大一部分都是农民个体放映队。同样，在村村通和直播卫星公共服务工程中也引入市场机制，依靠社会力量发展服务网点，壮大了公共服务的力量。同时，公共产品供给方式也有创新，公共产品提供主体从单一向多元转变。党的"十六大"以来，影视剧制作领域加大改革力度，降低准入门槛，在国家许可范围内，引导社会资本投资影视制作，极大提升了节目内容的生产能力。全国5 363家广播电视节目制作经营机构中80%以上，1 100多家电影制作机构中95%以上是民营机构。多元主体的参

与，促进了影视产品的繁荣发展。

④财政投入为公共文化服务体系框架的建立提供了资金保障。在政府转变职能之后，建设公共文化服务体系成为政府新的职能重点。财政多年来投入大量资金，由广电和新闻出版主管单位承担建设了一大批新中国成立以来少有的浩大工程，为覆盖城乡的公共文化服务体系建设做出了巨大贡献。这些建设内容主要有广播电视村村通工程、西新工程、农村电影放映工程、农家书屋工程、国家出版重点工程、东风工程、全民阅读工程等（见表4-1）。其中，广播电视村村通工程和西新工程，国家累计投入330亿元，建成新中国成立以来最大的广播电视覆盖工程，使我国的广电网络覆盖全境，实现最边远群众"看得到、听得到"，为社会全面进步打下了基础。

⑤财政持续支持广电网络升级与资源布局优化。多年来，各地财政通过专项资金等方式持续支持广播电视的传输网络建设升级，广播影视从模拟向数字的转型加快推进，建成了世界上规模最大、具有现代技术水平的广播影视制作、播映和传输覆盖体系。到2011年年底，全国有线网络用户突破2亿，有线电视数字化渗透率从2004年的不到1%提高到56.7%。到2015年，我国停止模拟广播电视的播出，全面实现数字化。另外，财政综合运用政策手段，促进电影数字化发展步伐，39条城市主流院线的数字银幕超过9 000块，电影数字化水平和规模领先全球。

2010年以来，广播电视网与电信网、互联网"三网融合"试点工作展开，中央IPTV集成播控总平台已经建成，省级分平台建设正在推进，全国统一的IPTV集成播控体系将逐步形成。IPTV集成播控平台与电信的对接工作已取得初步进展。全国网络整合步伐加快，已基本实现一省一网的目标，国家级广播电视网络公司组建工作进展顺利，全国有线电视互联互通平台开始筹建。

（2）存在的主要问题

①体制改革尚未到位。体制是事业发展的制度框架，至关重要。有恰当的体制，传媒业及传媒事业的发展才能如鱼得水。就目前的情况看，广播电视业体制状况较为特殊，和电影、新闻出版的体制状况差异

较大，应当各自找准体制症结，对症下药。

　　应当说自 20 世纪 90 年代以来的广播电视业体制改革是在经济和社会发展到一定历史条件的一种顺应，起到了解放生产力的作用。但是必须承认，社会发展不断，在当下的新形势下，广播电视业体制远远不能适应产业和事业发展的需求。比如，我国的广播电视服务目前存在公共与非公共服务区分模糊的问题，公共电视台搞得都像是商业电视台，追求市场收益，广告泛滥，迎合姿态明显。这种迎合，一方面是为出资者宣传，另一方面是为了博取收视率以便获得广告收益，罔顾公共传播机构的社会责任。鉴于此，广播电视系统需要在接下来的体制改革中，明确区分公共广播电视和商业广播电视的责任与分工，使财政能够将有限的资金资源重点保证公共广播电视的运行。

　　从管理体制考察，我国的广播电视从中央到基层管理服务部门的纵向关系没有理顺，各个广电机构职能雷同、内部管理原始粗放，甚至有些广播电视台还带有半政府机构的色彩，广电系统内部的事业单位与企业单位有着错综复杂的利益博弈关系。这些问题直接关系到未来广播电视事业的健康发展，以至于影响到财政投入的效率。因此，需要进行更深入的体制改革。

　　当前，新闻出版体制改革已进入第二轮改革时期，已经确定为事业体制的出版单位需要在劳动人事、收入分配制度等内部运行机制上进行改革，建立有效的经费保障机制、完善的经营管理机制和科学的业绩考核机制，激发活力和创造力，提高服务能力和水平，使之真正能够发挥较大的公益作用，使政府在这些事业单位的财政性资金具有较高的支出效益。同时，财政投入要对这些公益性事业单位给予项目支持、政府采购支持，促进文化事业的发展。

　　②资源需要整合，财政资金效率有待于进一步提高。历史的特殊性造成今天全国地方基层电台电视台星罗棋布。有必要一个小小的县级市就配上一两个电视台和广播电台吗？这些台业务内容严重不足，割据封闭，市场怠惰，人员冗多，造成财政资源的闲置浪费和财政资金的分散低效，应该进行资源整合，适当撤并。正常来说，按照省和较大城市的文化集中能力，可以在省内重点城市兴办若干个广播电视实体机构，从

事集约化的广播电视节目制作与播报，以此为中心，建立辐射全国，尤其是辐射周边地区基层的广播新闻网络，形成区域服务能力，这样的资源布局才是比较经济和合理的。唯此，财政资金才能用在刀刃上，为广播电视的公益性文化事业提供恰当而充足的支持。

③事业资金投入主体尚需更加多元化。本书在前面谈到文化和文物事业投入的问题时就提到，我国与其他许多文化事业发展很好的国家有个很大的不同，就是来自社会的公益性捐助很少，提到公益性文化事业，大家只是想到要依靠政府。我国的新闻出版广电事业的资金投入虽然已经改进并引导了一些社会力量参与文化事业，但来自社会的公益性捐助依然远远不够。造成这种现状的原因是多方面的，包括社会认识普遍不足、政府的鼓励政策有限、公益组织建设落后等。对于新闻出版广电事业来说，资金来源的公益性至关重要，这一点许多国人并没有充分认识到。公益性资金比重越大，传媒的独立性就越有保障，新闻出版广电事业作为公益性事业不必过度依赖政府或广告商，传媒内容就越可能承担更大的社会公义。因此，应当加强对新闻出版广电事业资金投入主体多元化的认识，促进社会捐助资金的渠道通畅。

④公益性阅读视听设施尚需增加总量、完善布局。我国社会存在城乡间、地区间、代际间、群体间的"信息鸿沟"和"数字鸿沟"，越是相对落后的地区、相对弱势的群体，信息获取越是不畅。就目前的社会发展条件来看，信息获取已经成为最为重要的基本条件之一。处于"鸿沟"底端者极易被社会发展的整体趋势越落越远，造成社会的严重割裂，阻碍社会的和谐发展。实际上，美国等一些国家已经在品尝这种不良后果，这也正是未来一段时期内我国新闻出版广电事业应当着力消解的社会问题。解决问题的方法可能很多，但是总体都是要在增加传媒公益性设施上下大气力，只有令社会中处于"信息鸿沟"和"数字鸿沟"低势的群体获得易得的阅读条件，才能逐渐消减鸿沟差距。针对特殊人群和弱势人群，新闻出版广电事业应当保证其基本的读书看报的便利性，可以为其建设便民阅读视听设施；基层书屋的建设范围需要扩大，从农家书屋扩大到矿山、部队、牧场以及城市内针对流动人员的书屋等；为适应当下与未来数字阅读的趋势，阅读视听公益设施需要加大数

字化的投入，带动欠发达地区、弱势人群、特殊人群的数字化信息的获取；广电事业应该加大对农村和落后边远地区的有线电视和数字电视的投入力度。

⑤文化输出不足，文化软实力较弱。文化输出的一大重点工作就是版权输出和出版合作，这需要传媒业积极拓展海外市场。我国跟其他一些发达国家相比，这方面做得很不够，文化贸易的逆差仍待改变。今后我国文化发展一个亟须加强的地方就是文化向海外的输出。在这项工作中，一部分需要政府出资兴办；另一部分需要文化市场上的各个市场主体发挥主动性，积极开拓海外市场，谋求国际市场上的发展。财政需要在政策上对其予以鼓励和扶持，当然，这种支持不能仅停留在税收上，适当的时候还应该有资金投入上的支持，比如政府牵头进行海外文化推广活动，举办国际性影视、音乐、文学、艺术等评奖活动等等。我国目前专门设立了针对文化产品"走出去"的专项资金，专门用以支持文化行业的对外推广活动，财政需要继续加大这方面的资金力度和政策引导，进一步推动中国"软实力"的加强。为此，新闻出版业"十二五"规划中指出，要"充分运用国家文化产业发展专项资金、国家文化出口重点企业和项目扶持资金、国家出版基金、民族文字出版专项资金，对符合条件的新闻出版企业通过银行贷款实施的'走出去'重点项目所发生的利息给予补贴；对符合条件的新闻出版企业以自有资金为主投资的'走出去'重点项目给予补助；对'走出去'重点企业按照出口实绩给予奖励；对'走出去'重点项目所必需的财产保险和出口信用保险费用，给予适当补助；对重点出版物的版权输出给予扶持"。

第 5 章　文化事业财政投入的国际经验与借鉴

5.1　典型国家的经验与做法

5.1.1　欧洲典型国家和美国的经验分析

（1）英国

①重视文化保护和文化事业发展。英国是一个文化氛围很浓、文化艺术水平很高的国家。有人说英国每年有 500 个以上的艺术节，也有人将此数字计算为 650 多个。来自世界各地的著名艺术家、剧作家、工艺师很多，遍布英国的剧院、图书馆、博物馆、大众文化艺术场所，满足了英国人文化消费的需要，形成了典型的英国文化风格，并且涵养出了强大的文化创意产业。英国的一大文化特色就是博物馆多，全国有 2 500 多座博物馆和画廊，仅牛津大学就有阿什莫尔博物馆、科学历史博物馆、牛津故事博物馆、庇特河流人种史博物馆、大学自然博物馆、现代艺术博物馆等多座博物馆，在自然科学、艺术、文化等领域都享有很高的声誉。伦敦市的博物馆，有 200 座之多。在英国，大的国家博物馆从 2001 年开始都免费向公众开放，包括举世闻名的大英博物馆、维多

利亚和阿尔伯特博物馆、泰特现代艺术博物馆、英国国家美术馆、国家自然历史博物馆、科学博物馆等。这些免费的博物馆和美术馆享受政府财政补贴与增值税减免，即使当前面临严重的财政削减，英国政府仍然坚持博物馆免费开放政策。

②"一臂之距"——政府的文化资助原则。英国政府的文化政策，首先需要介绍的就是这个"一臂之距"的原则。它的意思是说，英国政府对文化的资助，不是政府直接进行，而是通过非政府性质的中介机构进行。政府和被资助的文化机构之间，保持一定的距离。这个原则的核心价值在于，避免政府对文化艺术活动的直接影响，这和西方许多国家的文化观是一脉相承的，它们认为文化应当具有高度的独立性，应当尽量保持原有的文化生态，尊重文化艺术生产的独特规律，令其不受政治、商业的过多干涉和影响。中介组织或机构往往由艺术方面和文化事业方面的中立专家组成，它们虽然接受政府委托，但却独立履行其职能，政府的财政拨款通过这些专业的中介机构来决策资金到底该如何使用，并且最终划拨到需要资助的各个文化艺术部门，以此来保证文化经费进行既公正又科学的分配。

③中央政府与地方政府共同负担的财政资助制度。英国是文化管理"分权"观念的倡导者。牛津大学前校长莱德克利夫·毛德爵士在他向政府提交的著名报告《支持英格兰和威尔士的艺术》中指出："分权必须是艺术委员会和其他国家机构坚定和持久的国家政策。我们希望地方政府成为将来文化艺术的长远支持者。"1998—1999 财政年度英国政府的公共艺术开支为 9.45 亿英镑，占年度公共艺术总支出的 43%，地方政府的公共艺术开支总和为 12.65 亿英镑，占年度总支出的 57%。为实现政策目标，根据中央政府文化主管部门的年度报告，政府鼓励中央各部门之间、各地区之间、中央与地方政府部门之间以及与欧洲联盟和其他国际组织之间的文化合作。最突出的例子是英格兰艺术委员会与地方艺术管理委员会的合作以及地方艺术管理委员会和地方政府各部门之间的合作。

④明确政府资金的投入方向，保证公益性文化事业的资金支持。英国政府对文化艺术的资助，很注意明确区分营利与非营利的领域，将资

助方向确定在非营利性的文化艺术活动和部门上，采取财政拨款的方式予以资助。英国政府对财政拨款的增加力度很大，资料显示，2005—2006 财政年度，英国政府的文化投入预算比 1998—1999 财政年度增加了 114%。①英国的国家级政府中，文化传媒体育部掌握着中央政府对文化投资的最大部分，负责向外拨款，每年总预算 90% 以上的经费用于对国家文化传媒与体育的资助，不到 10% 用于内部管理的开支。资助方向包括表演艺术、视觉艺术和文学、博物馆和美术馆、电影、工艺美术、文化遗产、图书馆、旅游业、体育和广播等文化领域中的公益性范围。

⑤建立文化事业的多渠道资金来源。在政府拨款之外，英国政府还为非营利性文化艺术行业的发展开辟新的政府资助财源，政府向社会集资，筹集文化事业的发展资金，典型的做法是发行彩票筹集文化基金。1994 年 11 月 19 日英国发行了第一期国家彩票，政府规定其中 25% 用于资助文化艺术、体育和慈善事业，也就是说，每年政府从彩票公益金收入中筹集超过 10 亿英镑的巨额资金用于文化事业（其中大约 2 亿英镑用于文化遗产保护）。多年来，英国的许多文化设施和文化项目都是依靠彩票收入资助的。

在英国，文化投资的社会集资渠道是多样的，除了政府渠道的资助外，非政府组织资助、基金会资助等其他资金来源渠道也很多。作为重视文化遗产保护的大国，英国全国性的文化遗产保护组织数目庞大，会员人数众多，对政府的决策起到很大的影响。而且，英国还有一个吸引企业投资于文化遗产保护事业的制度性设计，叫"陪同投入制"或"配套投入制"，企业第一次投入资金时，政府同时给予等额投入，当企业再次投入时，政府将给予加倍投入，以此鼓励企业对文化遗产保护事业的支持。

英国政府还支持将文化遗产保护与文化旅游深度结合，恰当发挥文化遗产的文化资本功能，缓解财政资金压力。英国人很善于做这件事，并且将文化旅游做成精品项目，开发出独特的王室文化旅游、博物馆文化旅游、小镇生态文化旅游、建筑艺术文化旅游等项目，既创出了国家

---

① 吴江. 文化产业财政支持模式的国际比较 [J]. 山西财政税务专科学校学报，2009（12）：51-55.

文化品牌，又获得了文化资本红利。

⑥重视文化与大众的广泛结合。综观英国的文化艺术状况，文化艺术深入大众生活，这和英国政府很久以来用心而恰当地培养了文化与大众的亲密关系有着直接的联系。英国政府一直坚持将文化艺术教育列在教育体系中的重要位置。在英国的青少年学校教育中，艺术教育被认为是开启心智、培养创造力的必要条件，并且认真贯彻，使得英国大众普遍具有文化艺术的深厚底蕴，自然而然，文化艺术发展就有了不尽的消费动力和创作人才。

一方面是青少年学校教育，另一方面，文化与大众的广泛结合，还表现在英国众多的文化基础设施免费服务上。英国的文化基础设施现代化、多样化、普及化，博物馆、图书馆、书店、艺术馆之多超乎想象。全国有 2 500 多座博物馆和画廊，有 5 000 多家图书馆，依托众多著名的大学和世界著名政治经济中心城市，建起犹如百科全书般的博物场馆、阅读场馆、艺术中心等，而且许多是免费的。英国免费开放博物馆后，10 年时间使观众达到原来的 2.5 倍，世界参观量排名前 5 的博物馆中，英国就占了 3 个，都是免费开放的。由于免费开放，英国的低收入和少数族裔观众明显增多，原来这部分群体是较少的，现在已经占观众总量的近 40%。

⑦发展最早也最发达的公共广播电视。传统上英国人认为电视和广播原则上是对大众负责的公共服务设施，并通过国会对其进行监督。随着广播电视事业的发展，当今英国也在广播电视事业中引入商业机制和竞争，其体制以公共广播电视和商业广播电视同时存在为特点。英国有 3 家公共机构负责电视和广播服务，它们的职责要求和工作目标由议会立法规定，但是它们在日常业务活动中可以独立运作。这三个机构是英国广播公司（British Broadcasting Corporation，BBC）、独立电视委员会（Independent Television Commission，ITC）和广播管理局（Radio Authority，RA）。英国广播公司是非营利性机构，半官方性质，不播出广告，经费来源主要是政府征收的广播电视收看许可费用。英国的居民在购买电视机时，地址和电视条码会被销售部门收集上报，因此在顾客把新买的电视机搬回家不久，便会收到催促付收看许可费用的信函，每个

英国电视用户每年要缴纳一定的电视收看许可费用，这个费用仅仅能够收看英国几个基本电视频道，如果要收看其他频道，需另外支付昂贵的有线电视使用费。近年来，英国广播公司也适当利用名牌效应，通过商业性国际服务来补贴国内广播电视服务，对国内则保持非商业特色。独立电视委员会和广播管理局分别管理商业电视（包括有线电视与卫星电视）和商业广播。

（2）法国

法国是全世界公认的充满文化艺术魅力的国家，法国人对文化艺术有着特殊的情结，法国政府也对文化艺术倾注了大量财政资金，使得法国成为全世界当之无愧的文化强国。众多著名的法国文化元素每年吸引全世界各地的人们到此拜谒文化，为法国创造了不菲的经济收入。

①更显直接的政府主导型文化资助方式。和英国相比，法国政府对文化艺术的资助更显直接，力度更大。政府的文化预算在财政总支出中的比重，从 1960 年的不到 0.5%上升到当今的稳定的 1%，缘于多年来法国政府不断地加大对文化的投入，提高其在财政支出中的比重。法国政府对文化艺术非常重视，对戏剧、音乐、舞蹈、文化遗产等文化门类给予直接的政府拨款。国家级政府财政拨款主要用来资助国家级的演艺院团，地方政府则负责资助地方的演艺院团，即使是民间私营的艺术演艺团体，政府也给予资助。同时，法国政府还大力资助有意义的文化活动，如文化节、电影节等，这些文化活动，有力地推动了法国文化产业的繁荣发展和文化品牌的加强。法国第五共和国以来，每位总统都有一项或更多的"文化工程"，许多还直接用其名字命名，如蓬皮杜国家文化艺术中心、密特朗国家图书馆等，这足以见证政府对于文化事业的重视程度。

②重视文化遗产保护，将其作为文化事业的最重要内容。法国是文化遗产保护的大国，政府对文化遗产的财政支持很大，投入大量资金维护和修复建筑遗址、城堡等，同时加强博物馆和档案馆的建设。1983年法国实行《地方分权法》后，国家逐步退出各市镇建设的大部分事务，但仍承担着文化遗产保护职责。多年来，法国政府专设国家遗产中心统一支配政府文化遗产保护经费，保证文化遗产能够得到必要的保护

与维修。2008 年法国预算投入 11.89 亿欧元用于文化遗产保护，占文化部总预算的 39%。政府对很多文化保护地的居民参与文化遗产保护活动给予补助，并且在改善老屋居民生活条件、公共交通、公共设施等方面给予资金投入。政府注重培养文化遗产保护的群众基础，法国的学生们会利用假期，以文化保护志愿者的身份参加古迹修复工程。

政府建立完善的法律制度作为文化遗产保护事业的基础。法国是世界上公认最早拥有文化遗产保护现代法律制度的国家，这部法律是 1913 年通过的《保护历史古迹法》。如果把相关的各种制度与协议都算在内，法国针对文化遗产保护的各种规章已达百部以上，堪称世界之首。

③中央政府与地方政府共同负担的财政资助制度。法国在传统上是一个中央集权色彩较重的国家，但近年来在文化政策方面也开始实行文化管理权力分散化政策，文化责任和金融资源下放到地方政府手中，即文化事务处理地方董事会。1996 年法国公共文化开支中 52.3%来自中央政府，其余 47.7% 来自地方政府，中央和地方的财政负担接近于平分秋色。

在强调"分权"的同时，合作原则也始终被视为有效实现文化政策目标的基本保障。法国曾经的一任文化部部长说过：为了在法国培养和确保有创造性的文化，需要文化部建立与地方权力机构的文化合作，使文化内容更容易被大众理解，巴黎和地方的文化发展缺一不可，二者都应该得到支持。

④社会与政府共同承担，缓解财政的资金压力。法国的民间社团数量非常庞大，据说达 18 000 个以上。政府通过委托民间社会组织管理，有效保护了许多文化遗产。法国中央政府直接管理巴黎凯旋门、卢浮宫等 100 多个民族古迹和 4 万多个纪念建筑，其他有记录的 40 多万个"地方宝藏"均由各地民间组织、协会进行保护。著名的埃菲尔铁塔就是政府委托由私人管理的。闻名遐迩的法国"国家遗产日"，年年都办得非常成功，就是依靠发动法国各地的民间组织参加。政府充分肯定民间组织在文化遗产保护中的地位、参与权和管理权。

⑤广播电视市场化方面走得最远。法国是中央集权程度较高的西方发达国家，政府历来对文化建设给予高度重视和财政扶持，但是，在体

制上，法国却是欧洲在广播电视市场化方面走得最远的国家，最主要的公营电视频道 TF1 被私有化，原来国有的电视制作公司也被私有化，公营广播电视从垄断地位变为配角。虽然如此，法国政府对公共广播电视的投入依然非常重视。一直以来，法国作为传统文化强国，文化经费都呈现增长态势，但是，法国文化部 2013 年的文化预算首次削减。文化总预算确定为 73.8 亿欧元，其中 35.5 亿欧元为文化事业经费，38.3亿欧元为公共广播电视经费。与 2012 年相比，总预算减少了 2.3%，文化事业经费减少了 4.3%。这是由于欧债危机所造成的财政紧缩。①但是法国总统奥朗德的观点十分明确，"政府加强对文化支持，不一定要增加投入"，可以在选择重点上下功夫。从法国的文化预算中不难看出，公共广播电视是法国财政保证的一个重点。

⑥重视扶持本国电影业。第二次世界大战以后，由于美国电影对法国乃至欧洲的大举入侵，使得法国电影的发展受到巨大冲击。为此，法国采取了"对美电影实行配额限制""对本国电影制作进行补贴"等抵制措施。1948 年，法国成立扶持电影产业的基金。政府规定从每张电影票中征收一定比例的附加税，将该笔税款全部纳入电影资助基金，直接用于电影制作。后来，法国把电视节目的收入抽成和资助计划也纳入到基金中来。多年来，法国约有 70% 的电影和许多电视作品受益于基金的资助。影视资助基金为法国影视与好莱坞抗衡进行护航，功不可没。另外，法国政府为了扩大法国电影的国际影响，每年都举办很多国际性的电影节庆活动，最著名的当属戛纳国际电影节。戛纳国际电影节得到来自法国文化部、外交部和承办地政府的财政支持。

（3）意大利

关于意大利，本书主要介绍其在文化遗产保护方面的做法，因为，意大利政府把大部分文化经费都用在了文化遗产保护事业上。

①将文化遗产保护作为国策写进宪法。宪法中专门有一条关于文化遗产的表述：意大利共和国负责对国家的艺术、历史遗产和景点进行保护。意大利还有专门针对文物保护的法律，这样的法律可以追溯到 100

---

① 梁建生. 应对公共开支削减，法国文化建设力争"减钱不减效"［N］. 中国文化报，2012-10-25.

多年前，现代的法律以 1964 年的《威尼斯宪章》为代表。保护非物质文化遗产可以遵循《知识产权法》。

②文化遗产保护开支巨大。意大利是拥有世界遗产最多的国家，受到保护的"法定历史中心区"有 900 多个，而且都是秉持着意大利人坚守的"整体保护原则"，原生的遗址随处可见。所以，有电影导演如是说：在意大利拍历史片，根本用不着在摄影棚里搭景，马路上便可。这些文化遗产的保护，包括维修濒危的建筑和艺术作品，政府和社会各界每年都投入巨大的人力、财力。2004 年，意大利政府在文物保护方面的花费达到国民生产总值的 0.4%，这个比重已经达到相当高的水平，而且，意大利政府还要将这一比例提高到 1%。目前，意大利政府每年大约有 20 亿欧元的财政预算资金保证文化遗产保护的经费开支。另外，自 20 世纪末以来，意大利政府通过法律，规定彩票收入的 8‰用于文物保护。

③普及文化遗产教育。意大利文化部每年都组织一个文化周活动，活动期间所有公立博物馆免费向公众开放，历史悠久的总统府、议会大厦也定期向社会开放。各级学校利用这些文化遗产，开展生动活泼的历史、文化、艺术教育活动。所以，青年人的文化遗产教育非常普及。

④文化遗产保护的社会参与。意大利的人们已经习惯于把保护文化遗产视为全民的事业，与保护文化遗产相关的民间组织很多，政府给予地位认定和经济扶持，它们甚至能够影响政府的文化遗产保护决策。让社会与政府共同承担文化遗产保护的责任，一定程度上缓解了财政的资金压力。

（4）美国

①自由主义——美国政府一贯的文化政策原则。自由主义是美国文化发展秉承的传统。美国政府一直尊重这个传统，把它作为政府文化政策的基本原则，从未改变过。政府不干预文化市场的经济运行，对文化采取"不干预政策"或"干预最小化政策"。美国没有文化部这样的政府机构，国家艺术基金会（NEA）、各州的艺术理事会（AC）以及各郡的艺术理事会，作为独立机构进行文化活动的运作。政府的不干预原则

体现在经济上，表现之一就是政府资助比重较小，政府不通过财力左右文化活动的内容和方向。文化艺术活动来自于美国政府的约束很少，多数的约束来自于法律制度对文化艺术活动的约束条款，比如等级制度的限定、对青少年的保护等，还有一部分约束来自于行业内的协会和组织。美国的很多文化立法，都是依靠民间社团组织制定的，如《国家公园体系法》《历史遗址与古迹法》等，都是由极富专业性和影响力的民间协会和组织推动完成的。而且，民间组织比政府更加灵活有效，涉及的方面可以查缺补漏，在文化遗产保护工作中发挥着极其重要的作用。自由主义政策培育了美国活泼而强大的文化市场，是美国文化产业能够处于世界领先地位的根本之一。

②营利与公益的明确区分。跟许多国家一样，美国对文化艺术机构的资助，以明确区分营利与公益为基础，对于那些市场收益微薄、市场风险较大的文化艺术机构和文化艺术活动，政府支持其成立非政府性的组织、机构，给予政府资金支持或者社会捐助的税收优惠。比如，高雅艺术表演团体一般难于在市场经济中完全自立，美国政府会予以资助，额度在经费的 5% 左右，其余经费依靠社会捐助以及市场收入。总的来说，美国对文化建设的财政扶持主要表现在向某些非营利机构和文化基础设施提供必要的资金投入，以及采取间接的扶持方式，如提供一些优惠的政策，鼓励和引导私人企业对文化建设的投资。

③有限的政府投入，巨大的捐助资金。1965 年，美国政府通过了《艺术及人文事业的基金法》，这一立法使得美国政府对文化建设的支持有法可依。在此法依据下，美国创立了致力于艺术人文事业发展的机构——国家艺术基金会和国家人文基金会，是独立于政府的、非营利的专门艺术机构，专门管理艺术人文事业发展。同时，这一立法也保证了美国政府每年要拿出相当比例的资金投入到文化建设中。美国的非营利性文化艺术产业每年得到的资助，一部分就是从这里来的。美国的非营利性文化机构，还有博物馆图书馆学会等，能够获得美国政府的财政资助，这些机构决定将有限的政府资金，以及其他渠道筹措来的文化发展资金，拨付到各个非营利性的文化艺术团体、博物馆和图书馆，满足这些文化事业的发展需要。从这种体制安排中也能够

看到前面在介绍英国时提到的"一臂之距"原则，这是许多国家政府的原则。

据统计，美国的文化资助中，政府资金不到20%。在美国，非营利性的文化艺术活动有独特的资金来源特点：政府资金有限，社会资助为主。美国的文化捐助中，绝大部分来自于社会捐助，其中个人募捐的比例非常高。有统计数字显示，最终来自于个人的捐助可以达到90%，也有人说这个数字应该是80%，不管怎样，这个比重是足够大的。许多富人自己成立各种各样的基金会、慈善组织，将财富注入自己成立的基金会、慈善组织中，为社会提供公益性服务。捐赠人中不仅有富人，其实70%的人只是普通人，捐赠本身已经成为美国的一种文化，这是与我国以及其他很多国家不一样的地方。这种现象与美国的税收政策引导有很大关系。在税收政策的推动下，大批慈善机构和基金会应运而生，文化艺术事业的捐助不乏来源。在税收优惠的同时，美国的税法对这些接受捐助的组织机构有很强的资金透明度约束，规定它们每年要向税务局报告资金的使用情况，用在了哪些项目，花了多少钱，资产有多少，等等，任何公民都可以通过互联网查它们的账。高透明度的制度约束使得美国的被捐助公益组织、慈善机构具有良好的信誉，增强了美国人捐赠的信心。

④联邦政府与州及地方政府的分担。美国在文化资助方面是"分权"最彻底的国家。政府资助的财政来源一般从州及州以下政府获得，各州就资助艺术事业进行分权，使得地方当局积极寻求更多的公共基金。"分权"的做法，可以减轻中央财政的负担，同时也可以充分激活地方以及基层文化艺术组织的活力。

⑤文化艺术与文化遗产纳入课堂教学。美国政府把文化艺术遗产的相关内容纳入中小学学校教育的计划中，将课堂延伸至博物馆、美术馆、文化遗产原址，学生一手是教材，另一手是文博实物，听着老师和专业人员的讲解，教学效果非常好。美国政府还鼓励一些少数族裔开展本族文化遗产教育。所以，在美国的年轻人眼里，文化遗产不是冰冷呆板的，而是活泼灵动的，文化艺术遗产事业与教育事业产生了良好的互动。

⑥政府出资对电影进行支持。众所周知，美国是全球首屈一指的影视强国。美国艺术基金会统计，2009年美国文化产业创造的产值大概占其国内生产总值的10%。据统计，全世界56%的广播和有线电视收入、85%的收费电视收入、55%的电影票房收入都收入美国囊中。在全世界放映的影片中，好莱坞的电影占85%。这么强大的影视产业能力，美国政府主要依靠税收政策来扶持。单从政府出资的角度看，典型代表是国家艺术捐赠基金会。据统计，仅在2008年，艺术捐赠基金会向电影界提供的资助就接近100万美元，主要资助对象是全美数十个国际性电影节。在众多电影节平台上，美国电影得到充分的宣传。除了全国性基金会以外，美国各州也有政府支持的艺术基金会，对电影提供支持。

⑦资产归社会团体所有、资金来源主要依赖于广告收入的公共广播电视系统。美国的公共广播电视系统由公共广播电视公司（CPB）、公共电视网（PBS）和公共广播网（NPR）三部分构成，CPB是系统上部，负责面向联邦政府接洽、接受拨款、分配使用款项等；PBS和NPR是系统下部的两个会员组织，以会员制统领各个公共广播电视台。各个公共广播电视台的创办者及资产所有者可能是州政府、教育部门、社会团体等。美国的公共广播电视没有收视许可费收入，只有政府拨款和广告收入。正是由于没有收视许可费收入的原因，美国的公共广播电视收入总额中，单有政府拨款是非商业性的，显得势单力薄，在总收入中只有20%多，使得美国公共广播电视收入对广告收入有太大依赖，从而也对商业运作有很大依赖。

⑧政府建立健全良好的版权制度。美国是老牌的市场经济国家，文化产业被直接称为版权业。实际上，美国的版权业也经历了如同其他一些国家的不重视版权、盗版满天飞的漫长过程，直到20世纪70年代之后，美国政府面对本国文化经济在全球经济中的地位的不断提升，才开始重视并实施了版权保护战略，并成功帮助了美国文化经济的发展。美国政府重视和加强版权保护，从宪法到知识产权法，再到其他众多版权法律，制度建设非常密集到位，并且与时俱进地进行制度调整，以适应

日新月异的出版市场。政府设有版权办公室、贸易代表署、版权税审查庭等执行版权保护职能的部门，联邦和州政府都有相应部门。应当说，美国版权产业的发展，并不是靠政策，而主要是靠政府良好的版权制度建设才取得如此大的成功。

5.1.2 亚洲典型国家的经验分析

（1）日本

日本是仅次于美国的第二大文化产业强国，日本确立了文化立国战略，政府积极维护和提升本国文化的成长和对外影响力。

①奉行"内容不干预"原则。日本政府在这一点上跟美国等许多西方国家秉持的原则是一致的，即政府对文化艺术活动要间接资助，对具体内容不加干涉。在某些特殊情况下，政府确需对某些文化项目进行分析、评价，以便于做出政府的重点财政支持、奖励等决策时，文化厅会委托相关领域的专家和学者组成第三方的独立评审机构，由其进行专业的、科学的分析和判断，供政府部门参考。

②财政用于文化方面的支出主要从文化厅和文部省两个部门预算体现。2011年日本的财政预算总额中，文化厅预算额所占的比例是0.11%，文部省的预算额占6%，①文部省的预算额中有一部分属于政府支持文化艺术活动与教育的费用。

③政府投入的两个主要方向，一是文化遗产保护，二是海外文化推广与交流。在日本的文化厅财政预算中，占比最大的通常都是文化遗产保护这一块支出，其他文化支出，通常在不干预原则下或者因为有可以依赖的社会组织等而并不显示出政府财政投入的大量倾注。拿日本2011年的文化厅预算来看，其中文化遗产保护与利用占了43.78%，是最大的比重。总体来看，近年来，文化厅的预算中，占有较大比重的项目，一个是文化遗产保护，另一个是对外文化推广与交流。2011年的对外文化交流预算占到文化厅预算金额的2/5，充分体现了日本的"文化发信国家"战略，即使日本成为一个"向世界传播文化的国家"（见表5-1）。

① 欧阳安．日本文化政策解读［N］．中国文化报，2012-07-27．

表 5-1　　　　　　　　日本文化厅 2011 年预算资金分配情况

项目	预算额（亿日元）	比率（%）
文化艺术的创造和人才培养	125.53	12.17
文化遗产的保护、传承和利用	451.46	43.78
文化艺术传播和国际文化交流	411.40	39.89

数据来源　欧阳安 . 日本文化政策解读［N］. 中国文化报，2012-07-27.

　　日本很注意加强与国际文化遗产保护机构的合作，通过举办或参加国际研讨会和学术交流会等形式，加强世界遗产等文化保护方面的国际合作。同世界知名的文化遗产保护机构进行联合研究，在技术上为亚洲各国的文化遗产保护和修复工作提供协助。同世界各国的博物馆和美术馆等机构合作，加强人员交流和培训。资助地方文化遗产保护人员参与国际交流与合作。举办文化遗产和艺术品等的海外交流展，积极组派或推介国内民俗艺术表演团体和艺术家参加在他国举办的国际民俗艺术节等等。

　　④政府与民间的合作非常成功。日本政府注意发动民间力量参与文化艺术的兴办，所以日本的相关 NPO 和 NGO、志愿者、艺术节等很多。政府将自己所掌握的文化艺术方面的各种信息资料积极提供给这些民间组织和团体，帮助它们的文化艺术活动。同时政府建立起文化艺术等公益性组织与活动的捐助体系，并在财政税收的政策上给予优惠，鼓励捐助。在日本，全国上下建立起网络般的保护地方文化遗产的组织，其中既有民间发起的，也有官方背景的，它们起到搜集、征求、协助、督促等作用，政府与这些组织进行合作。

　　⑤有重点地大力支持民间文化和艺术振兴。日本政府通过"新世纪艺术计划""文化艺术振兴基金"等专门计划，通过财政手段鼓励和支持文化艺术团体和人员的艺术创作活动。重视传承歌舞伎、狂言等传统艺术，对传统艺术的专业团体的表演活动进行资助。同时，日本政府还鼓励国民开展喜闻乐见的民间娱乐活动，鼓励和支持具有地方特色的文艺表演、节庆活动等，振兴地方文化艺术。日本设有许多名目的文化艺术类的奖励、评鉴表彰，表彰为文化艺术活动做出较大贡献的艺术家，

同时通过这些评鉴渠道以及与艺术家的沟通渠道，建立公共的文化艺术发展的民众反馈机制。

⑥不依赖政府投入和商业广告的独立公共广播电视。日本国家电视台（NHK）信号覆盖世界上大部分国家和地区，规模大，经费多。但是，它不仅没有广告收入，就连举办一些社会公益活动，也不得接受企业赞助资金。电视节目不做广告，也不用政府财政预算资金，原因是确保新闻报道的客观、公正和中立。如果依靠财政资金，新闻报道会被政府的意志左右。如果依靠广告收入，节目内容有可能受到广告商的影响。因此，NHK 选择依靠收取来自于全国 70%以上家庭的收视费来维持经费运转。

⑦重视并支持本国动漫产业的发展，重视版权保护，支持出版业的海外拓展。为支持中小文化企业发展，尤其是支持日本影视动漫发展，日本政府出资，通过政府采购的形式，购买具有一定地域特色的民间文化产品和文化服务，免费提供给边远地区和海岛地区的居民。政府运用财政资金从本国卡通动漫厂商购买卡通动画片播放版权，无偿提供给世界各国，特别是发展中国家，在国际上推广日本的动漫文化，扩大其文化产业的影响力和知名度。

⑧重视著作权保护。根据《知识产权基本法》等相关法律的规定，切实保护好著作人的权利和利益。紧跟互联网的发展状况，加强网上著作权的保护工作。通过官方和民间的联动，在双边和多边的框架内，防止和打击国内外对日本著作物的盗版和侵权。积极参与世界知识产权组织在数码技术和网络技术新形势下制定知识产权保护新规则的工作，推动国际著作权保护工作。大力开展相关教育和宣传工作，普及和提高著作权保护知识和意识。进一步完善著作权保护的司法保障和救济制度，加强侵权行为和赔偿金额的认定工作等。

⑨重视海外推广。对于内容产业（基本等同于我们说的出版业），日本政府认为国内市场不是未来方向，增长潜力在于海外市场。因此，日本采取政府出资和资助等多种方式，将日本的优秀文学作品翻译成外语（英语、法语、德语、俄语和汉语等语种），并在国外出版，以传播日本文化。为此，日本政府根据一定的遴选标准，每年面向国外翻译和

出版一定数量的日本文学作品。

（2）韩国

①重视文化发展的战略研究。韩国和日本一样，将"文化立国"作为国家战略。1996年，韩国开发研究院向政府提交了一份题为《21世纪韩国经济的构想与发展战略》的报告，其中详细阐述了文化发展战略。1999年，韩国颁布了《文化产业振兴法》，为韩国在文化经济方面的崛起明确了目标和措施，提出"成为世界五大文化强国之一"的目标。为实施文化发展战略，韩国成立了文化产业振兴院，负责制定文化政策、组织人才培养、海外文化推广等，为韩国文化产业的快速发展起到孵化、催生和推动的作用。韩国政府重视将文化战略付诸法律地位，先后有《文化产业振兴法》《文化产业发展五年计划》《设立文化地区特别法》《著作权法》《唱片录像带暨游戏制品法》《影像振兴基本法》《电影振兴法》《演出法》《广播法》等文化法律出台，为文化产业的发展提供了法律法规保障。韩国的文化战略实质上是文化产业战略，即政府千方百计支持文化产业占领全球文化市场的较大份额，实现韩国国际贸易额的巨大收益。韩国的文化事业完全是为了实现这一战略目标而做的基础性工作，最终目的都是文化产业的振兴。因此，韩国的文化事业的侧重方向能够看到浓重的为文化产业铺垫的色彩。

②政府舍得投入，支持文化事业，做好文化产业的基础性工作。在文化事业方面，财政预算2000年首次突破国家总预算的1%。2002年通过国家预算拨款、投资组合、专项基金共融资文化产业事业费5 000亿韩元，用于文化创作和基础设施建设、营销和出口、人才培养三个方面。韩国还设立文艺振兴基金、文化产业振兴基金、信息化促进基金、广播发展基金、电影振兴基金、出版基金等多种专项基金。如果把韩国所有投入到文化发展方面的资金合计的话，政府文化部门获得的可支配预算仅次于国防和教育开支。①大量资金的投入，保障了主要文化部门的正常运转。

③重视对文化遗产的保护和民间民族文化的弘扬。韩国制定了《文

---

① 宋魁，郝剑锋. 文化对韩国经济发展的影响［J］. 学习与探索，2005（6）：197-200.

化财产保护法》，政府出资对一些现存完好的传统村落进行维修；国家对那些掌握传统工艺的人提供专项补贴，鼓励他们继承和发扬传统工艺；国家鼓励地方团体和居民自发创设文化项目，政府还投入资金设立奖项，对民间文化艺术活动进行评奖和交流，如文化体育观光部每年给予地方优秀文化项目的"地方·传统文化品牌"奖。这使得韩国举国上下的民间文化活动非常活跃，一些文化项目形成了地方文化品牌，为韩国民族文化的兴盛和民族性文化产业的发展奠定了良好的国民基础。

韩国政府注重保障民众接近民族文化的机会。韩国的景福宫、博物馆、科技馆等面向大众开放的场所，或者免费，或者门票价格低廉，学生和老人一般可以免费参观，重大节日一般均可免费参观。这就最大限度地保障了韩国民众接近民族文化的机会。

④重视海外文化推广和国际文化交流。韩国文化管理部门经常在世界各地举办韩国民族风俗和文化生活的展览；政府还在海外举办诸如"文化遗产年""韩国文化旅游年"等活动，促进世界各国对韩国文化的了解和接纳。

⑤政府出资培养专门的文化行业人才。韩国政府创办了一些专门的文化学校，许多韩国的大学也纷纷开设文化内容的专业，培养文化事业与文化产业需要的专业人才。具体的学科专业有文化遗产、文物管理、科学保护、传统工艺美术等。这些措施和做法对保护和弘扬传统文化、满足文化产业对人才的需求起到了重要作用。

⑥中央政府与地方政府、政府与民间共担投资责任。地方政府对地方性文化活动给予资金奖励与补助，促进当地的品牌性文化项目的形成；有些地方政府还兴办文化专业人才培养的学校，为地方文化发展培养适合的人才。韩国政府鼓励民间自发组织文化艺术社团并自行筹资谋求事业发展，政府对民间文化艺术社团给予一定的补助或奖励，因此，韩国呈现出全国上下民间公益性文化活动非常兴盛的局面。

5.2 对我国的启示与镜鉴

当前，中国事业单位的改革与改制正在有序地进行，公共文化事业是这一历史性进程中令世人关注的一个重大领域。国际上发达国家公共财政在资助和扶持文化和文物事业方面长期形成的经验，对于我国这一领域的改革与发展具有重要的借鉴和启示价值。

5.2.1　明确划分文化事业的公益性与非公益性

明确公益与非公益的范围界限，即是明确政府投入的范围。纵观各国的政府文化事业投入制度，都是将文化业中的公益性范围确定为政府扶持的方向。为此，明确文化业的公益性与非公益性的性质，是基础性工作。对于能够遵循市场价值规律、可持续良性发展的文化业，尊重其自身在文化市场的发展，政府不介入，如果介入也是通过税收政策等加以扶持，政府不给予财政资金投入；对于公益性的文化事业，政府确定自身责任，通过一定的资助形式予以支持。我国的文化事业正在经历着重新明确政府职能范围、将一部分应当市场化经营的文化事业转为文化产业的变革过程，实际上正是吸取了上述国家的这一经验。目前来看，我国的文化体制改革很有必要，并且需要继续深化，进一步明确政府的职责范围，明确文化事业中哪些必须是公益性的，哪些可以是非公益性的。可以非公益性的部分，只要在确定不损失社会效益的情况下，可以不再作为文化事业兴办。

5.2.2　充分尊重文化事业的自身规律

（1）尊重原则的主要表现

如同前述的"一臂之距"原则、"内容不干预"原则，许多国家政府对文化事业的投入均避免直接的政府干预，体现了政府尊重文化规律、尊重文化专业工作的态度。"一臂之距"的做法，是目前已经被许多发达国家普遍接受的文化事业的公共财政资助模式之一。西方国家采取这一原则具有文化经济学的理论依据，概括来说就是：政府并不长于支持与彰显文化的创造性，而创造性本身才是文化的生命精髓。在很多情形下，政府的支持会降低文化活动的创新。如果政府的支持趋向于中性化，则可大幅改善上述情形，不至于影响创造力。相比之下，私人的文化赞助者与从业者比较善于满足支持文化创造力的需要。

政府对文化的投入避免对文化活动的直接干预，尊重文化活动的自身规律，这一原则对我国的文化事业具有启示性。过去我国政府对文化事业的干预是政府绝对主导型，现在，我国的文化体制改革中政府逐渐将文化事业的内容决策权放归大众，应当说，文化软实力的提升，归根结底要依靠民间文化的兴起。新闻出版广电业中的绝大部分业态可采取产业形式，公司化运行。政府对于这些文化产业的支持，如果有，也应秉持"内容上不干预"的原则，只是在资金和政策上予以必要的支持。

（2）基本做法

为贯彻尊重原则，通常文化活动的决策和实施是相对独立于政府的，通常存在独立的社会文化机构。这些文化机构或者以协会，或者以慈善公益组织的形式出现。政府对这些机构的具体行为不加以行政性指令与干预，而是委托这些机构实施社会文化的建设，并给予经济上的资助。对于资金的安排与使用，完全由专业的机构来决定，政府不参与决策。政府所能够干预的范围，仅限于对特殊文化领域的规制，比如文化产品与服务等级制度的制定与实施，而且这种制度往往也是政府委托专业文化机构做出的。再比如，政府对于版权的管理与保护，对某些文化产业的政策性支持等等。这些也都是在充分尊重文化从业者个人创造内容的基础上的政府介入。

5.2.3 文化事业主体的广纳与互动

（1）发挥社会力量兴办公益性文化和文物事业

政府资金的力量是有限的，相对于庞大的文化和文物事业资金需求来说，经常是满足不了的。因此，借助民间力量成为顺应形势的选择。借助民间力量保护文化遗产、兴办文化事业，通常政府选择最多的合作对象是 NGO 和 NPO 等民间社团组织。[①] 由于这些组织的筹集资金渠道和方式都具有较高效率，因此，与这些组织合作，借助这些组织运行文化和文物事业，能够有效缓解政府的财政压力，不失为明智之举。

从很多国家的成功经验可以清晰地看到一个趋势，就是文化和文物

---

① NGO，国际通行的非政府组织的英文简写形式；NPO，国际通行的非营利组织的英文简写形式。

事业越来越成为民间组织作为主体的事情，政府需要做，但做的是有重点、有规划的工作，政府除了支持重点项目之外，更多的是应该做好规划和发动民间力量的工作，为这些民间组织提供税收上的优待和政府资金的支持。这样，能够实现全社会的有效力量都尽最大可能用到文化和文物事业中，实际上是将有限的财政资金放大了多倍。

（2）文化事业主体的分工侧重

与文化艺术或影视传媒比起来，文化遗产保护更需要财政资金的大力支持。文化遗产保护事业专业性很强，投资巨大，某些文化遗产项目距离大众的生活比较远，难以唤起大众的热情。大多数文化艺术活动具有良好的群众基础，投资不像文化遗产保护那样巨大，技术性相对较低，更容易唤起人们的参与热情，因此，文化艺术活动相比较来说更可以通过一些社会组织和协会兴办，并且筹集到发展资金。相对来说，文化遗产保护更需要政府的关注和扶持，没有政府的投入，文化遗产保护可能失去人力和财力的保障。而文化遗产本身具有不可复制性，一旦消失，损失巨大并无法恢复，加之文化遗产本身的当期横向与历史纵向的巨大外部性，使得政府理当多承担保护责任。

（3）文化事业与大众生活密切结合，培养未来潜在的捐助者与从业者

在这方面最主要的方式是将文化和文物事业场所免费开放，使其最大限度地与大众接触。除此之外，有些国家注重青少年对文化和文物事业的接触，如让年轻人参与文物修复、将课堂延伸至博物馆、将某些展品带到课堂等。我国最近几年开始增加政府投入，专门资助文博场馆的免费开放，效果不错，从统计数字来看，我国的文博场馆的免费比例达到80%，还是很高的。当然，我们在促进文化和文物事业与大众结合等其他的方面还需要向别国学习，比如，我国总体的文博场馆数量人均并不多，馆藏数量和质量尚需提高等等。

5.2.4 文化事业资金来源渠道的多元化

在文化事业资金来源渠道的开辟上，各国政府可谓"八仙过海"。不仅有来源于上面所述的社会公益团体的资金，各国的文化事业资金还

有更广泛的资金来源，并且都重视不断开辟新的资金来源渠道。有些国家还进行制度创新，收到了较好的效果，如泰国的公共广播电视资金来源独辟蹊径地选择了烟草收入。许多国家还选择了公益彩票作为文化事业资金的常规来源，总之，选择适当的特种税收入或非税收入作为文化事业的资金来源是一个思路。

美国在这方面并没有走与其他国家相同的路，而是选择了更加发挥自由市场经济优势的路径，即文化事业的资金很少来源于政府渠道，即使是非税收入也很少，尽量发挥社会捐助的作用。这与美国的配套制度有着密切不可分的关系。多种因素促进下，美国形成了独特的捐赠文化，公益性文化事业的大部分资金来源于民间的捐赠。

上述所有这些做法，很好地解决了政府资金不足以满足文化事业发展需要的问题，对我国的文化事业财政投入改进具有非常有价值的借鉴作用。

5.2.5 各级政府的分权与合作

无论是英国、法国、美国，还是日本和韩国，这些国家均采取各级政府对文化事业投入的分权与合作的体制，充分发挥各级地方政府对文化事业的天然优势。因为，文化事业中的多数内容属于地方受益的公共服务，而地方政府最了解地方的优势，能够将文化事业兴办成为适合于地方发展、适合于地方大众需求的公共事业，因此，充分发挥地方政府的作用，在文化事业的发展中显得尤为重要。同时，各级政府尤其是中央和地方政府又具有合作的必要与可能，这是指在一些涉及国家谋划布局的大型文化活动或项目上，比如奥运会的举办、国家级文化设施的兴建等，这种合作既包括资金上的合作，也包括技术、资源、分工等方面的合作。

5.2.6 公共广播电视的体制共性与个性选择

（1）公共广播电视系统的公有制被普遍采用

各国公共广播电视，除了法国私有化了之外，其他绝大部分国家的公共广播电视系统都不是私有的，它们是公有制的，这是一个共同的特点。这一点充分说明，公共广播电视的公共性在当代世界是公认的主流意识，人们普遍不认可将具有强烈公共性特征的电波和频道资源全部赋予私人性主体供其谋求私利。这一公共性的实施早在 20 世纪 20 年代就已开始。英国广播公司是世界上第一家公共广播机构，1922 年由电器商联合组成，1927 年改为公营。这并不是说电波和频道资源决定了广播电视不可以私营。实际上，在公共广播电视形成的早期，这样说是很有说服力的，因为那时的电波和频道资源足够稀缺；越是往后期，技术越进步，资源越丰富起来，频道资源在足够多的公共广播电视之外还有空间，尤其是在当代，随着太空技术、网络技术、数字技术的飞速进步，可供公共广播电视之外的其他媒体使用的技术空间非常大，因此，在保证足够的公共广播电视运行空间的基础上，发展私营广播电视是没有问题的。这和前面说的并不矛盾。

资产的公有，并不是只是国有，实际上有许多形式，包括地方所有、社会团体所有等。非国有公有制的存在，使得公共广播电视机构不受中央政府左右的机会更大，但是也可能会体现民间某些政治势力或社团、社区意志的影响。资产的国家所有，典型代表是英国的 BBC；资产的地方所有，典型代表是德国的公共广播电视联盟（ARD）；资产的社会团体所有，典型代表是美国的公共广播电视体制。除此之外，还有一些其他所有制形式，如资产的文化区域所有、资产的党派所有等，不一而足。究其根本，都是为了回避公共广播电视的私有性，消除商业营利的驱动力，谋求公共利益的根基不被侵蚀。

（2）公共广播电视资金来源的多重选择

考察各个公共广播电视机构的资金来源，基本渠道无外乎三种：第一，收视许可收费，这种收费的理论根据主要是将收看权作为一种特许权，受众需要付费购买该特许权方能够享有收看权；第二，政府财政拨款；第三，广告收入，允许有此项收入的广播电视机构通过给广告商制作和播报广告来收取商业性营业收入。另外，泰国的公共广播电视制度比较另类，该国的公共广播电视最为"年轻"，2008 年成立，它的资金来源确定为烟草捐税每年一个固定额度，其余由政府补助。这种另类做法倒是件颇有启迪的好事，为今后人们思考制度创新问题开拓了思维空间。另外，很多国家为公共广播电视经费还尽量开辟通畅的渠道吸引来自于社会各界的捐款。

看似简单的三种资金来源渠道，但各国公共广播电视机构选择的组合不同，大小成分不同，则有了大相径庭的表现：第一，只依靠收取许可费，采取这种方式的有日本的 NHK、英国的 BBC 以及北欧四国；第二，只依靠政府财政拨款，采取这种方式的有中国香港、澳大利亚等；第三，兼取政府拨款和广告收入两种资金来源，采取这种方式的有美国等；第四，兼取许可费收入和广告收入两种资金来源，采取这种方式的有德国、韩国等；第五，兼取三种资金来源，采取这种方式的有法国、意大利、西班牙等。①

只依靠收取许可费，最易帮助公共广播电视机构实现真正的独立，在经济上不依附于某个集团出资人——政府或广告商，经济上的不依附换来经营决策、工作决策的独立。这意味着广电机构的服务对象是单一的受众，使得广电机构专心服务于大众，播出内容体现服务大众的理念。只依靠政府拨款，可能的后果是公共广播电视机构依附于政府权力，受制于政府的意志，导致公共广播电视的服务对象表面上是大众，实际上播报的内容不再公允，从而使公共文化服务打折扣。但是，依靠政府拨款也有一个最大的好处，就是收入稳定，不会因为收入的波动造成对公共广播电视事业的冲击。因此，有些国家选择这种方式。如何避免前面提到的受制于政府的问题，可以通过配套的立法赋予公共广播电视机构超越于政府的独立权利等方法来规避此问题。既依靠收取大众的许可费，又兼顾其他资金渠道的做法，理论上会产生使公共广播电视不再完全忠诚于大众，而是心存旁骛的问题。这需要各国"八仙过海"，施展制度艺术，尽量扬长避短。这里需要考虑的因素可以有各个收入项目的占比大小、其他法律制度是否有效保证公共广播电视独立性等等。欧洲许多国家，像法国、德国，政府拨款的占比远远大于广告收入的占比，因此它们的公共性受到的影响不大。相比较来说，美国的情况大不相同，没有收视许可费收入，政府拨款只有 20% 多，其余都依赖广告收

---

① 冯建三. 公共广播电视的钱、人与问责：多重模式，兼论中国传媒改革（上）[J]. 新闻大学，2011（3）：14-24.

入，从而对商业运作有很大依赖。

5.2.7 发挥文化事业对文化产业的促进作用

（1）文化事业为文化产业储备必要的基础元素

纵观众多文化事业与文化产业较为发达的国家，作为国家战略通常是要在文化事业中为文化产业做必要的打基础的工作的。一方面，文化事业向全社会进行厚积薄发的文化艺术与创意的教育，从文化内容的层面为文化产业做好储备；另一方面，文化事业为文化产业培养众多的艺术、创意人才，从而为文化产业发展奠定较为厚实的社会基础。

（2）政府投入的一个主要方向在于版权保护

如前所述，政府在内容上并不干预，而是在创造良好的出版环境上为传媒业服务。美国、英国、日本、韩国等国家，都非常重视建立健全版权制度，帮助本国出版物维护版权利益，从而为该国的文化产业发展创造良好的市场环境。

（3）政府投入为文化产业搭建推介平台

对于电影电视作品、新闻出版物的海外推介，各国政府都比较重视，扶持的方式主要有：资助本国举办的知名评奖活动，如戛纳电影节；在各国开展文化主题节庆活动、出版物展览等，如我国在国外举办的中国图书展；搭建一个推介平台，向全世界展示本国的电影电视作品、图书、杂志、音乐、动漫等版权作品。

5.2.8 将完善的法律制度作为文化事业的制度保障

文化和文物事业做得好的国家，没有一个不是早已具有完善和严格的法律制度作保证的。有了专门的法律，文化遗产才能具有受到保护、拒绝破坏的合法依据，文化公益事业才能得到法律和政策的支持。除了前面提到的诸如法国、意大利等国家文化和文物事业的相关法律制度比较悠久和完备外，其他许多国家都在这方面做了很多工作，就连年轻的美国，也非常注重历史文化的保存，先后有《国家文物保护法案》和《国家历史保护法案》，作为该国主要的文化遗产保护的法律；《艺术及人文事业的基金法》，作为政府对文化艺术事业支持的依据。日本是将高度现代化和悠久历史文化遗迹兼顾结合得非常成功的典例，文化遗产保护的法律制度，以《文化财保护法》为核心，这部法律已经经过数次修订，以便达到完善和与时俱进，很好地指导和规范了日本的文化遗产保护行动。1960 年日本制定了《古都保存法》，切实规范保护快速经济发展中的历史风土地区。韩国后来居上，在 20 世纪 60 年代出台了《文化财产保护法》，90 年代之后又先后出台了一系列的相关文化事业与文化产业发展的法律制度，开启了该国文化和文物事业有章可循的历史。所以，本书认为，我国政府对文化和文物事业的支持，需要有适合我国国情的一系列文化文物法律制度为基础。我国目前已经在文化遗产保护等方面形成了一些法律制度，但是应当说我国对于许多社会公益性文化和文物事业的兴办与捐助的法律还是空白，需要逐步加强和完善。

当然，促进文化事业不仅仅依靠文化遗产保护的相关法律，还涉及很多方面的法律建设。比如，美国为鼓励公益性的捐赠而确立的相关法律，还有为保护版权而建立的法律制度体系等等。总之，文化事业的制度保障，需要完善的法律制度体系。

第 6 章　促进我国文化事业发展的财政投入：构想与建议

6.1　确立公共财政框架下文化事业的"广义视角"原则

6.1.1　纵向与横向视角的统一

一个社会的文化体系，是复杂和多面的，并且存在着动态的变化。思考财政支持文化事业发展这个问题，本书认为，亟须我们放宽视角，将文化事业总体架构中几个大的纵向系统和横向层面全部收入视野中，不割裂，不偏重，将之视为文化事业的一个协调的整体。这样做的好处是，它可以让我们对形势有科学准确的把握，不以偏概全，从而为政府的财政决策提出科学的建议。

（1）基于纵向视角的四大系统

目前我国文化领域从纵向上看，可以以四款财政预算科目为线索分为四大系统：文化部主管领导的文化演艺系统和文物系统，前国家广播电影电视总局对应的广播电影电视系统，前国家新闻出版总署对应的新闻出版系统。在每一个系统中，分布着众多的文化事业和文化产业项目，其中前两者的文化事业单位居多，后两者的文化产业居多。这四大系统按照现有的领导机关划分为两大类：一类是文化和文物业，主管单位为文化部；另一类是新闻出版广电业（即主体传媒业），主管单位为新闻出版广电总局。这是从中央向下的纵向系统。

（2）基于横向视角的各级地方文化事业

公共文化服务体系在从中央到地方的各级层面上，执行着不尽相同的职能，从上层看纵向系统比较突出，但是越是往基层看，横向铺开的体系建设越是主要的特征。自 2010 年开始，伴随着文化体制改革的推进，文化领域进行了文化市场综合执法改革，将主管文化、广播电视、新闻出版的政府机关在副省级以下的政府部门中进行部分合并改革，越是基层越是合并得多，市级以下基本都合为一体，一般名称为"文化广电新闻出版局"或类似的名称，使得地方基层的文化、广电、新闻出版行业的管理成为"综合执法""上面千条线，下面一根针"。因此，基于基层视角，文化事业呈现以文化场馆、书店、书屋、广电网络等形式铺开的公共文化服务体系，纵向特征不明显，它们各司其职、相辅相成，共同为社区、农村的基层居民提供公共文化服务。

6.1.2　适应广义视角的财政投入创新要求

（1）将文化事业体系的可持续发展作为研究重点

早有学人提出过观点，提醒"要着眼于体系建设，而不是局限于几个文化工程"，个中道理，值得深入思考。我们目前建设覆盖全国城乡的公共文化服务体系，取得了很大成就，建成一大批硬件设施，举办了一大批文化活动。应当说，在建设新的公共文化事业体系方面，我国已经开了个好头。但是，如果希望这个庞大体系良性成长，我们就必须在意识上加强这样一个观念：公共文化服务体系，不仅仅是一排文化设施的罗列，它应当是一个结构合理、发展均衡的全国性的网络、有机的整体。这个网络覆盖广义文化事业的各个领域，有硬件，有软件，有内在逻辑关系，有横向与纵向的联动，有决策、执行与反馈机制，能够持续有效地运行下去。财政保障应由最初的打造工程逐渐向培养人员、优化制度、确立保障机制的方向努力，实际上这个工作不比建设硬件设施难度小。为此，我们研究思考的具体方法需要引入时间维度，因为这个庞大的系统需要可持续发展，如果总是一事一议、现做决策，一是来不及，二是不科学，长效运行机制考验着我们的财政执行能力。

（2）"有分有合"地全面考察财政投入状况

研究财政投入在文化事业中的情况，现成可得的资料通常来自于四大系统内的数据统计及财政部门的部分数据，资料相对丰富的当属文化和文物事业的数据资料，新闻出版业、广播影视业的政府投入，相对就不那么多，历史纵向上较难找到多年完整的财政投入数据。这是现实情况，是由一定的历史原因造成的。虽然这些客观的阻力存在，但我们依然应该有这样一个原则：尽量以"大文化"视角，有分有合地研究财政投入在文化事业中的情况，为研究和规划工作呈现出一个全面而客观的"财政－文化图"。分，可以按照四大系统的分类进行研究；合，便是将四大系统的财政支出合并考察。这样，相信结论会更加接近真相，科学而理性。目前可得的、符合上述要求的数据，来自于财政部官方统计数据，只有 2010 年和 2011 年的数据，相信今后的财政相关数据会慢慢积累得多起来，上述方法会越来越有意义。

当然，"有分有合"的方法早已存在于财政投入的研究与规划中，传统和常见的有中央与地方的财政支出结构、地域间的财政支出结构的研究与规划等，这些依然有效。从"广义文化"视角看，文化事业发展需要通盘考虑，整合资源，现有的公共文化服务网络布局有内部的交集，如何将有效的尽量少的财政资源发挥出尽量充分的效用？将按系统分割的公共文化资源进行必要的整合，就是解决方案之一，也是值得研究的课题。

（3）做好创新制度、解决新问题的思想准备

因为许多事业是新的，将来面临的问题也是新的，比如农家书屋、农村电影放映、免费开放的公共场馆，这些都是新事业或者新情况，没有确定的规律可循，没有现成的规范可依。国外情况可以参照，但是不能照抄，只能借鉴。因此，在做规划构想的时候，很可能需要开动脑筋想新办法，要做好创新制度、解决新问题的思想准备。体制和机制的创新，可以从制度层面上帮助构建新型公共文化服务体系。具体而言，财政首先要从政府职能定位的角度明确财政投入方向；其次，财政投入既

要有所担当，该有所倾斜就有所倾斜，又要积极开辟文化事业投入的新型资金渠道，履机乘变，顺时立新，在这一点上，泰国公共广播电视独特的资金来源选择，就是一个制度创新的启示（参见 5.2.4 和 5.2.6）。此外，财政投入要在公共文化支出绩效考评方面下功夫，形成一套科学的绩效评价指标体系，建立行之有效的激励、约束、反馈机制，同时为决策者提供有力的决策依据，提高文化事业财政投入的使用效率。

6.2　构建与完善文化事业发展的财政投入机制

6.2.1　进一步明确政府职责范围

（1）以公共产品的分类为切入点明确政府在文化领域的职责范围

明确划分文化产品的性质，这是根本。文化产品，可以区分为纯公共文化产品、准公共文化产品和营利性文化产品。对于不同的准公共文化产品，需要区分不同的社会效益要求与市场配置能力，在政府与市场之间进行合理的分工。

纯公共广播电视节目，某些排他难度大又没有竞争性的文化遗产和遗迹，这些文化产品是纯公共产品，需要政府负责。

某些准公共文化产品，市场上没有理性投资人愿意出资，需要政府出资履行保护维护的职责。某些准公共文化产品前期投资巨大，项目建成运行后需要不断注入资金，属于基本文化需要的准公共文化产品，譬如图书馆、博物馆，也是政府的职责范围。现实中，文化基础设施建设、公共图书馆、公共博物馆、文化遗产的收集保护、文化市场秩序的维护、广播电视网络的维护、公共广播电视节目、国家重大出版项目等，这些社会力量不愿提供或者不能提供的文化产品和服务，都是作为公共文化产品，由政府完全负担的。

某些具有自然垄断特征的准公共文化产品，不能放任由市场配置，而是应当成为政府公共定价行业或者由政府兴办事业，至少政府应该予以有效的规制；对于文化信息工程、"送戏"下乡等准公共产品和社会力量不愿意提供但完全有能力提供的产品和服务，政府可以采取出资购买的方式提供给广大居民；某些社会力量愿意提供而且能够提供的准公共文化产品和服务，譬如电影、戏剧演出，再譬如社区和农村的节庆活动、文艺活动等，政府可以让位于市场，还可以通过奖励方式给予适当的补助。

在区分公共与非公共的问题上，还需注意一个问题，就是当确定了一项服务的准公共性，政府确定了它的职责后，问题依然没有结束，政府还要在该项目运行过程中尽量将项目本身的多项活动做好区分，以便于区分这些活动中哪些是公共性的、哪些是市场性的，使得财政资金可以不必铺开摊子全部大包大揽，而是专门指向该部门的某些公共活动上，其余的活动政府可以不予资助。这种区分，对于现实中控制许多文化事业单位的财政资金的使用规模很有指导意义。比如，我国的公共广播电视台的公私模糊问题，就需要政府在这方面加强资金控制。

（2）划分文化需求的基本与非基本

文化需求要区分基本的和非基本的，基本的文化需求，主要是指广大公众对文化信息的获得、享受所要求的，满足基本文化权益的需求。社会的基本文化需求，是动态变化的，随着生活水平、文化水平的提高而不断提高。目前，根据我国的具体国情，政府确定了一系列属于基本公共文化需求范畴的文化产品与服务。还有很多文化需求，或者非常个性化，或者纯娱乐化，或者对受众有较特殊要求，或者现阶段属于奢侈性消费，这些都不属于大众普遍需求，也不属于社会文明基本保证的文化需求，就被归为非基本的文化需求。

科学界定文化需求的性质，文化需求区分基本和非基本，政府就明确了自己的职责重点。财政用于文化的支出，应当把保障人民群众基本文化权益作为公共文化服务的出发点和落脚点，保证财政支出向公众的基本公共文化需求倾斜，优先部署基本公共文化服务，努力增加公共文化服务的资源总量，构建结构合理、运行有效、服务优质、覆盖城乡的公共文化服务系统，以确保所有公众都能享受到基本的公共文化权利，并逐步实现公共文化服务的均等化。另外，政府有责任促进传统文化、文化遗产、先进文化的传承，推动中华文化"走出去"，不断提升中华文化的影响力，增强国家的"软实力"。

对于非基本的文化需求，主要靠市场方式满足需求，如果政府需要促进其中某些项目的发展，可以选择适当的财税政策予以支持。

（3）当前政府的文化事业支出的重点

①继续加强公共文化基础设施项目建设。近年来我国已经加强了公共文化基础设施的建设，基本建成覆盖城乡的公共文化服务体系，包括许多基本建设项目，在农村主要是指广播电视村村通工程、乡镇综合文化站和基层文化阵地建设、农村电影放映、农家书屋建设等；在城市主要是加大对图书馆、博物馆、文化馆的投入，加强社区文化设施建设。但是，总体来看，文化设施还存在规模较小、建设年代久远等问题。未来一段时间，公共文化基础设施建设还需继续加强和完善，将体系建设的基础工程做好。

对于文化基础设施建设，需要注意进一步加大对中西部地区和欠发达地区的公共文化设施建设的扶持力度，尽快缩小不平衡差距，促进城乡一体化的进程。同时，在规划建设的时候，要统筹兼顾眼前需要与长远规划的关系，尤其是图书馆、博物馆、剧场等这种大型文化设施更要做好几十年的长远规划。要把握好文化标志性建筑与实用性建筑之间的关系，重视文化设施的标准化建设，让财政支出用得最有效率，不但是眼前有效率，更是在较长时间维度内有效率。要想做到这一点，需要财政支出绩效考核的标准跟得上才行。

②加强公共文化领域的网络信息化建设。随着数字信息时代的来临，教育、科技、文化生活的方方面面逐渐进入网络信息化时代。公共文化服务的网络信息化，就是要以现代网络信息技术为支撑，加强书报、杂志和网络共享资源建设，建设全国文化信息资源共享工程，努力满足信息技术环境下人民群众日益增长的精神文化需求，充分发挥公共数字文化建设在传承先进文化、传播科学知识、提高公民文明素质方面的重要作用，构建适应网络信息时代特点的公共文化服务体系。

在网络建设方面，我们已经有一定的建设基础，下一步，可以以文化信息资源共享工程网络设施为基础，依托各级公共图书馆、乡镇和街道文化站、社区文化活动室、乡村书屋等，建设公共电子阅览系统，为居民提供公共数字化文化服务。

公共文化的网络信息化，能够促进公共文化服务的公益性、基本性、均等性、便利性的表达，农业技术、就业与培训、影视动漫、历史地理、文化艺术、专题、科技教育、医疗卫生、报纸图书、娱乐休闲等内容，都能够在网络中得以传播，大大提高公共文化服务体系的传输效率，节省财政支出，是非常具有战略意义的投入。

③扶持落后地区的公共文化服务建设。我国经济发展的地区不平衡问题存在多年，落后地区积累下来的历史欠账太多。我国农村改革发展基本目标和任务，其中重要的一项就是：到 2020 年实现城乡基本公共服务均等化明显推进。党的十八大报告明确提出：推动信息化和工业化深度融合、工业化和城镇化良性互动、城镇化和农业现代化相互协调，促进工业化、信息化、城镇化、农业现代化同步发展。欠账多，任务重，从哪里抓起？少不了要抓文化和教育。落后地区的公共文化服务功能的提升，既是城镇化建设的需要，也是基层群众文化生活发展的需要。要想解决这个问题，统筹城乡发展，统筹地区发展，公共文化服务资源必须积极地向最需要的地方流动，加大财政投入，推动文化资源向农村、民族地区和贫困地区倾斜。有人用"反弹琵琶"一词来形容政府财政侧重扶持落后地区的行动，倒是蛮形象的。

④努力保证公益性文化事业的资金需要。按照公益性、基本性、均等性、便利性的要求，要坚持以政府为主导、以公共财政为支撑，把主要公共文化产品和服务项目、公益性文化活动纳入公共财政经常性支出预算。

在政府大力支持文化事业的时候，有一个问题需要澄清。这个"大力支持"并不是说政府一定要成为文化事业的主导，恰当的态度应当是，政府在资金上支持文化事业，但在文化事业的内容决策上，应当相信真正的文化主体在民间，官方不能喧宾夺主。文化的魅力，民间是最能够灵敏地感受并发扬的，甚至有时商业化的市场最了解世界人民的文化需求。只有这样，文化才能始终保持亲切灵动，而不是僵化无味如鸡肋，财政资金才能够花得值。

在我国现时保留下来的公益性文化事业中，有许多事业部门亟须政府大力增加资金投入，以缓解财政资金持续不足的问题。比如基础文化设施的欠账问题、文化遗产保护的资金不足问题等，尤其是在文化遗产保护方面，财政支出要重点保证，因为那些项目很难在市场上找到资金，人们的认识又相对滞后，其他资金渠道尚没有通畅，而这些文化项目又具有不可复制性，一旦损失，将使国家和民族损失价值不可估量的文化资本。

6.2.2 优化财政投入结构

我国文化事业的财政投入一直存在结构失衡问题。从区域结构上看，政府对东部地区文化事业的财政支出高于中西部经济欠发达地区，导致中西部落后地区的公共文化服务设施建设滞后。据文化部统计，2010 年全国人均文化事业费 24.11 元，其中中部地区 15.64 元，只相当于全国平均水平的 65%，西部地区人均文化事业费 23.8 元，尽管高于中部地区，但仍低于全国平均水平。财政支出结构不合理，还表现在：许多文化事业的投入用在人员开支的比重过高，用在事业发展上的比重过低，许多基层图书馆购书经费严重不足，等等。多种考察角度下的结构失衡问题，需要在今后的文化事业财政投入的安排中予以纠正。

（1）明确投入的侧重，避免平均分配

优化文化事业的财政投入结构，就是要避免平均分配，明确投入的重点和倾斜方向。目前我国文化事业的财政投入需要倾斜的几个方向，一是基本公共文化需求，较之其他准公共产品类和非战略性文化产业类，需要重点保证；二是落后地区，主要是农村和中西部地区，较之东部较发达地区和城市，需要优先保证，努力弥补中西部地区和农村地区文化建设的历史欠账，使文化资源均衡布局、合理配置；三是文化体制改革的资金保证。

这里，最为关键的还是促进地区平衡的问题。促进地区平衡，财政就要重点支持中西部地区公共文化建设，提高中西部地区的公共文化服务水平，使之不至于与东部地区差距越来越大，推动其逐步向发达地区靠拢，促进中西部地区公共文化事业的平衡发展。促进地区平衡，要保证总体文化事业投入和人均文化事业投入的双重快速增长。快速增长，需要保证文化事业财政投入的增速指标远远大于财政总支出的增速指标，并且不断提高文化投入在教科文卫总体投入中的比重。只有这样并且坚持多年，文化事业财政投入积欠的一些地区不均衡问题才有可能得到改观。

促进东西部地区的文化事业的平衡发展，还要对文物事业发展中那些文物事业投入与本地文物业职责范围不匹配、不充足的经济落后地区，如黑龙江省、江西省、安徽省、云南省、西藏自治区等，加大文物业的投入力度，加大财政投入的倾斜力度，使文物事业的投入跟上事业发展的需要，跟上全国整体文物业发展的进程，不至于差距越来越大（参见表 4-16）。

实际上，东部地区依靠自己的财政和民间力量，能够把公共文化服务事业办好。例如，江苏省"十一五"期间，全省的文化与体育传媒支出 323 亿元，年均增长 25.1%，高于同期一般预算支出的增幅；占财政一般预算比重达到 1.99%，高于"十五"期间 1.68%的比重，实现"两个高于"。经过多年不断加大支持力度，江苏省文化事业发展得非常好。[①]总体来看，江苏省已经建设成为全国的文化强省。浙江省嘉善县财政新增财力三分之二以上投向民生工程，其中一般预算文体支出年均增幅在 30%以上。县财政已连续 5 年每年在保障经常性文化投入的基础上，再另行安排 300 万元，用于基层文体机构建设和基层文化考核奖励。据统计，2011 年仅一个街道就投入文化经费 74 万余元，实现人均活动支出 16.4 元，同比增长 80%。[②]因此，对于东部较发达地区，国家可以放手让当地政府自行解决资金投入问题。

近年来，我国已经在文化事业财政投入中实施了倾斜政策，西部地区的文化事业费近年来呈现强劲的增长态势，无论从年均文化事业费增长率指标来看，还是从西部地区占全国文化事业费总额比重来看（参见表 4-12）。但是，这种倾斜还远远不够，需要持续加大这种倾斜力度，才能逐渐解决上述不均衡的问题。

我国文化事业的投入一直存在城乡结构失衡的问题，为此，我国近年来也在这方面采取了财政投入的倾斜政策，这被称为文化投入重心下

---

① 佚名. 文化发展需要财政加力 [J]. 中国财政，2012（18）：1.
② 佚名. 2012 年全面实施民生优先战略 确保新增财力三分之二以上用于民生 [N]. 杭州日报，2012-04-10.

移。从"十一五"时期的表现来看，县及县以下文化事业投入的增速和比重在持续增大。但是，还是上述那句话，积欠太多改观难，城乡二元化的文化事业格局需要在未来一段时间内持续地给予财政投入的倾斜政策，加大倾斜力度，才能最终促成均衡，促进我国城乡一体化的战略性建设。

另外，在促进基本公共服务均等化方面，城市中应当侧重于扶持相对弱势的特殊群体人员。政府在提供公共文化服务时，要重视身份均等，关注社会各阶层，侧重向未成年人、老人、城市低保户、农民工群体、残疾人群体等倾斜，采取"艺术扶贫""文化低保"等措施，使弱势群体也能均等享受文化服务，促进弱势群体的进步和脱贫。

（2）加大转移支付力度

优化财政文化投入结构，应当突出扶持重点，加大对落后地区的转移支付力度。转移支付的倾斜政策，既是优化财政投入结构的问题，也是文化事业中的财政体制问题。保证一定数量的转移支付资金用于基层文化建设，可以有效缓解地区间、城乡间公共文化服务体系建设不均衡的问题，促进基本公共文化服务实现均等化。为此，可以注意两个方面的调整：

①加强转移支付倾斜度。缓解地区间、城乡间公共文化服务体系建设不均衡的问题，促进基本公共文化服务实现均等化，需要从纵向和横向两方面加强转移支付倾斜度。纵向上，中央财政收入每年的增量，可以重点确保中西部地区和农村地区公共产品供给的必要经费。横向上，东部较发达省份可以对西部地区公共文化建设提供支持，国家可以从东部地区的税收返还中安排一定资金支援中西部公共文化建设。

②对落后地区适当增加一般性转移支付，减少配套性补助的比重。因为在落后地区紧张的财政状况下，要求其提供配套资金，往往不现实，造成地方政府造假风，或者使得真正需要资金投入的落后地区损失机会。应当适当增加文化事业一般性转移支付项目，确保资金的稳定供给。

从2008年之后的财政数据看，中央向地方的文化传媒转移支付在中央预算的全部支出中比重越来越大，说明中央加大了对地方的文化投入力度。在中央向地方的转移支付中，国家有意向中西部地区和农村落后地区倾斜。而对较为发达的地区，国家则采取以奖代补的转移支付方式或由地方政府自行解决，转移资金规模相对较小（参见表4-6）。但是从一些数据对比结果来看，我国对文化事业的投入存在多年来的欠账，底子很薄，即使近年来国家加强了上述转移支付的投入，但是远远不够，需要中央继续加大向地方文化事业的转移支付力度，继续加大对文化事业的投入，保证文化事业在未来若干年内的持续快速增长。

（3）注意提高文化事业的软件水平，财政投入适当向软件完善的方向倾斜

文化投入不仅对物，也要对人。一堆质量再高的钢铁，不能直接成为无比强大的"变形金刚"。前期投入的公共文化服务设施，需要接下来配上高水平的管理软件，方能输出源源不绝的"正能量"。我国目前许多文化事业欠缺完善的软件配套，包括人员的配备与素质提高和管理软件的配套与升级。比如，基层群众文化机构人员严重不足，乡镇级的站均配备人员仅有1.3人。因此，财政投入需要注意在完善公共文化服务系统基础设施的同时，加大对管理软件的投入，提高公共文化服务人员的素质，完善公共文化服务的人才培养机制，建立公共文化服务人员的培训、轮训制度，确定民间文艺创作人均最低资助标准、文化活动人均补助奖励标准等，统一由各级政府财政分担和支持，保证基层文化事业持续发展，保证前期的文化事业投入真正发挥作用。

（4）在文化事业的四个款项中，适当提高文物事业投入的权重

相对于我国文化演艺事业投入和广播影视事业的投入来说，我国的文物事业投入比重较小，前两者的比重达到40%左右和25%~30%，而文物事业的比重仅有12%（参见图4-2）。对于我国这样一个文明古国和文物大国来说，对于文化遗产保护所给予的投入实在算不上多。文物事业投入的缺少使得大量应保护文物处于保护之外或者疏于管理，文物保护措施落后，珍贵文物得不到有效的保护。这种状况造成我国文化资本的不可逆的损失，社会效益和经济效益均产生损失，需要逐渐扭转。

相对于其他一些文化事业内容来说，文物事业更需要财政资金的大力支持。因为，其他文化事业形式可能比文物事业更接近现代人生活，

更容易获得关注和喜爱，而且技术上也更易参与；而文物事业不然，其专业性很强，投资巨大，某些文化遗产项目距离大众的生活比较远，难以唤起大众的热情。因此，文物事业更需要财政投入的适当倾斜和重点保证，而文化艺术活动相比较来说更可以通过一些社会组织和协会兴办，并且筹集到发展资金。另外，从文化遗产本身的当期横向与历史纵向的巨大外部性角度来评判，公共财政理当将其纳入公共产品基本范畴，多承担保护任务。

相对于我国如此多的人口和如此多的文物资源来说，我国现有的博物馆、展览馆、美术馆、纪念馆等展馆并不多，人均占有此类场馆的数量是很低的。而且，馆藏的数量和质量都有待提高，许多馆藏展品保管方式落后，馆藏条件尚未升级，总体馆藏技术水平距离国际水准甚远。所有这些，均需要财政投入在未来持续对博物馆的事业发展有所倾斜，这是非常必要的。同时，图书馆业也是一个公益性强的行业，鉴于公共图书馆的现有不足，需要财政加大投入，通过中长期规划，加强公共图书馆设施建设；通过经费的保证与提高，保证正常业务活动的开展和服务能力的提升。

6.2.3 科学设置资金投入方式

（1）灵活多样的资金投入方式

政府在保证文化事业的财政投入的同时，还应当积极探索转变财政投入方式，提高财政资金使用效率。近年来，我国财政部门已经尝试了许多新型的资金投入方式，取得了许多经验，有些资金投入方式证明支出效果是不错的。

①以奖代补。比如，某乡镇政府自筹乡镇综合文化站的建设经费，可以镇厂共建、镇企共建、镇矿共建等，给予共建单位一定的优惠条件，如冠名、以未来演出抵偿之类，建成之后上级财政以奖代补拨付财政经费或配套文化设施设备。这样的方法在我国广大乡镇已有先例，效果不错。

②探索引入基金运行模式。政府性基金，是指各级政府为支持某项事业发展，依法获批征收的具有专项用途的资金。已经设立的财政直接

拨款的文化类政府性基金有国家出版基金和电影事业发展基金。基金形式的好处在于，它综合运用补贴、奖励、资助等资助方式，按照公平、公开、公正原则，通过规范的专家评审制度、社会公示制度和绩效考评制度，以尽可能少的财政投入换得尽可能多的优质文化产品，实现财政支出的高效益运行。

应当继续研究创建其他基金，逐步将原有的一些专项资金纳入基金的运行轨道。目前还有一项财政直接拨款的文化类政府性基金——国家艺术基金等待获得国务院批准出台，它将对突出的艺术创作和艺术创新项目进行资金扶持，财政部将规划专项资金 20 亿元，用于未来 5 年该基金的启动和运营。

③变政府生产为政府购买。为提高财政支出效率，财政可以改变某些文化服务传统的直接兴办、直接生产的方式，采取政府购买服务的方式，这样可以避免传统事业体制下的人浮于事、养人吃饭的情况，财政既少花钱，又办了事。目前，伴随着文化体制改革，全国多数地区对艺术表演团体实行财政补助和演出场次挂钩的动态投入机制，促进了院团内部机制创新和业态内的活力。今后的文化事业财政投入中，能够采取政府购买的方式提供的，应当充分运用这一工具。

④科学运用配套投入手段。目前我国的许多文化事业投入以中央或上级单位向基层专项配套投入的形式出现，但是这些配套投入有时会有"一刀切"的弊端，造成某些本来困难的地方财政由于拿不出配套资金而错失机会或者干脆违规造假套取上级补助，"非穷即骗"，形成地方基层财政窘态。因此，应当科学运用配套投入的手段，适当变财政投入的专项配套为一般补助。

在财政投入方式的创新方面，近年来还做了很多有益的尝试，这方面，财政应当与扩大投融资渠道的方式方法联系起来，灵活运用。

（2）将文化事业资源有效整合

现有的文化事业内部存在条块布局上的交叠重合，为使政府能够用尽量少的财政资源发挥出尽量充分的效用，政府在构建公共文化服务体系与信息网络平台时，需要将按条块分割的公共文化资源进行必要的整合，通盘考虑，综合布局。

①项目合并运行。比如教育、科技、广电、电信等部门的文化类投入，可能同公共文化服务体系建设的投入相重合，可以采用多个项目合并使用一套载体或人马的做法，减少重复投入与资源浪费。

②寻求合作。对于某些基层财政来说，资金少，任务千头万绪，财政资金周转困难。财政在一些文化事业投入项目上，可以寻求共建单位，合作完成文化事业投入项目。这样不仅可以减轻政府财政负担，而且有利于提高资源使用效率，激发文化事业的活力。

按照"大文化"的思路，文化领域中可以进行资源整合的着力点很多，原先分属于不同文化部门的文化资源，完全可以一物两用或者一物多用，许多文化功能可以合体，将小目标归入统一的公共文化服务大目标中。比如，原先的广播电视和新闻出版系统，实际上也可以按照传媒口径将资源整合；广播电视系统内部众多的小广播电台及网络资源，也可以整合为规模化、集约化的大的公共广播电视单位；广播电视有线网络系统资源，与网络文化业有着天然的协调性，完全可以资源整合利用，依托广电网络系统推动独具特色的网络文化业的发展。这其中有一部分网络文化项目，带有基本公共文化服务的性质，需要政府充分认识并给予财政支持，比如数字资源共享、公共电子阅览室、数字图书馆等。应当说，资源整合可以做的文章还有很多。

实际上，除了文化领域内部的资源整合外，文化资源与文化领域之外的某些资源同样可以实现优势共赢，相得益彰。比如，文化与教育、科学领域的许多活动有着天然的亲缘关系，完全可以在教科文范围内进行资源整合，充分发挥财政资源的效用，一举多得。前面谈到文化遗产保护问题时，说到国外有将学生的课堂延伸至博物馆中，并且将这种做法常规化，使青年人从小就对文化遗产不陌生，并且从娃娃抓起，培养起全民热爱文化遗产的风尚，也为全社会出资捐助文化事业打下了基础。再比如，新闻出版可以和邮政部门、教育部门进行资源整合，利用邮政原有网络和门店、教育部门原有网络和设施，开辟新的物流通道，将邮政部门与教育部门的网络资源纳入新闻出版物流网络系统中，邮政部门与教育部门的所有网点增加一个新功能——新闻出版物销售网点的功能，双方互利，财政省去一笔建设书店的支出。

6.2.4 规范财政专项资金用途

近年来，国家对文化事业和文化基础设施建设高度重视，大量建设资金和补助资金向基层、农村倾斜，基层财政总收入中专项资金的比重越来越大，其中包括文化事业专项资金。为此，规范专项资金的使用成为重中之重。在专项资金的不规范使用中，突出的问题是专项资金使用用途的不规范，出现挤占、挪用现象。所以，应当重视规范专项资金在实际使用中的用途，保证专项资金真正用在政策和制度指定的用途上。

首先，要澄清认识。部分人认为"打酱油的钱也能拿去买醋"，横竖都是用在项目上，横竖都是用在公家，只要不进个人腰包，就不是什么问题，缺少全局意识和大局观念。针对这种基层财政的认识混乱，要在制度上和管理上促进认识的澄清。

其次，要规范使用。由于基层财政专项资金的比重高，有时造成大量专项资金项目资金闲置待用，而其他非专项资金用途指向的财政项目却急着"等米下锅"的现象，因此出现挤占、挪用财政专项资金的问题，将此项目的资金挪去用于其他项目，生产性项目挪去搞非生产性项目，比较严重的是将项目资金挪去买车子、盖房子，甚至挪去搞接待。针对此问题，要严格规范使用专项资金，明确杜绝上述现象的发生，杜绝挤占、挪用和变相使用。

再次，要在制度上明确责任。避免项目完成后就找不到责任人，避免法律责任主体不明确的情况，对于违规责任人的责任追究不流于形式，保证责任追究的权威性和有效性。

此外，要建立和强化独立完整的财政专项资金预算，逐级分解下达，强化财政预算约束力，规范财政资金管理，强化统筹协调。

最后，将专项资金的范围、预算编制、预算执行、项目合同方法、支出范围标准、绩效预算管理、项目监督管理、奖惩措施等有关专项资金管理措施，以法律的形式确定下来。要出台相关专项资金管理的若干规定，构建一个较为完善的专项资金管理制度框架，保证专项资金的监督管理中有法可依，有规可依。

6.2.5　促进文化事业资源配置主体的多元化

文化事业资源配置主体，在许多国家呈现多元化的景象，许多NGO和NPO、民间团体、协会和个人志愿者，都参与公共文化事业的兴办。这跟政府的鼓励政策分不开。文化事业资源配置主体多元化，引导了更多的社会资金用于公共文化事业，能够有效缓解财政支出压力。支持多元化主体参与文化事业的资源配置，是发达国家常见的做法，政府的鼓励手段主要表现为直接式和间接式两种。前者是政府直接用财政拨款资助，后者是政府间接通过税收优惠等政策手段鼓励参与主体兴办文化事业。

应当建立一个观念：公共部门不仅仅是政府，以往我们的政府很强大，以至于提起公共部门，基本等同于政府，但实际上可以是另一种布局，鼓励社会力量兴办NGO和NPO以及其他大量的协会、社团，可以将社会上可用的人力和财力更快速有效地集合起来，处理一些公共事务，配置公共文化资源。政府可以给予少部分资金的补助、奖励或优惠，其余资金由社会团体本身发挥能动性从社会筹集，这将缓解政府财政支出不足的问题，也将政府财政能力放大成多倍的公共部门财力，对社会文化事业来说是一件好事。

6.2.6　构建公共文化需求表达机制

建立良好的公众文化需求表达机制，非常有助于优化文化资源配置。目前，政府与公众间、公众与文化机构间的信息不对称问题没有得到充分认识，更别说重视。公众的文化需求到底如何，满意度如何，公众没有较为直接和可行的表达机制，更多的是通过体制内调查统计机构的数据加以反映，但是，反映的效果是否真实却并不一定。这直接影响到政府财政资金的使用效益和政府文化支出的社会效益，应当引起足够的重视。建立良好的公众文化需求表达机制，才能更有的放矢地满足公众的文化需求，实现公众的基本文化权益。为了解决这个问题，需要探索政府与公众文化需求的互动渠道，深入了解公众的需求和文化消费反馈情况，形成供需双方的良性互动，取得较好的社会效益。

6.3 建立与健全文化事业发展的财政资金保障机制

6.3.1 完善持续增长的经费保障机制

近年来，经济的增长和财政实力的增强，为政府加大公共文化投入奠定了坚实的基础。据统计，"十五"时期，全国财政文体广播事业费支出总计 2 570 亿元，比"九五"时期增长 103.5%，其中中央财政支出增长 142.3%，地方财政支出增长 99.5%。"十五"时期年均增长 19.1%，其中中央财政年均增长 22.3%，地方财政年均增长 18.8%。公益性文化事业单位的经费保障水平不断提高。①"十一五"以来，国家对公共文化建设保持重视，各级政府也不断加大对公共文化的财政投入，全国公共文化经费呈现快速增长的态势，公共文化服务体系建设取得显著成效，公共文化服务网络得到较大改善，公共文化产品供给能力大幅度提高。但就总体而言，我国公共文化服务经费投入不足的问题依然明显，突出表现为两个比重偏低，即文化事业支出占财政支出比重偏低和文化事业支出占科教文卫事业支出比重偏低，与潜在的巨大文化需求明显不匹配，文化事业发展中形成了财政资金瓶颈。将文化传媒支出占全国财政支出比重与科学、教育、卫生事业进行横向比较，就会发现文化事业支出占全国财政支出的比重较低（参见表 4-3、图 4-1）。文化事业的财政投入占国家财政总支出的比重偏低，以至于政府在一些基本公共文化服务供给上还很欠缺。

为解决当前的文化事业资金投入不足问题，需要建立和完善经费保障机制。政府应当切实提高公共文化投入在财政总投入中的比重，该指标的增速要"跑"过财政总支出和其他财政支出项目的增速。这就是经费保障的持续增长机制。另外，预算执行中如有超收，也要从超收收入中相应安排文化事业支出，确保文化事业财政投入的增长高于财政经常性收入增长幅度，努力提高文化事业财政支出占财政总支出的比例。目前，提高文化事业财政支出的比重已经具备了一定社会条件和经济条

---

① 张少春. 公共财政与文化体制改革［J］. 求是，2007（11）：49.

件，如我国的经济增长成果和近年来财政收入的稳定增长已经为财政提高文化事业投入准备了经济基础条件；国民收入的提高、人均 GDP 的提高，人们生活水平的提高，促成了社会整体的文化需求增加。为此，财政需要适时承担起责任，提高财政用于文化事业的支出比例。财政部前部长在 2011 年 12 月的一份报告中已经提到："保证公共财政对文化建设投入的增长幅度高于财政经常性收入增长幅度，提高文化支出占财政支出比例，今后要直接体现在每年的预算安排和实际财政工作的落实之中。"①

在广义的文化事业投入的增长中，要重点保证文化和文物事业的快速持续增长，保证文化和文物事业在财政支出中比重的快速持续增长，以解决前面谈及的我国文化事业费和文物事业费占财政支出比重偏低的问题，逐渐将该比重提高到一个适当的水平，满足文化和文物事业发展的需要。

6.3.2 规范中央与地方的权责关系

（1）明确划分中央与地方政府的文化事业权责

按照政府间事权与支出划分的原则，公共产品的受益范围与政府的财政责任是具有逻辑关系的。如果一项公共产品的受益范围为全国性的，它所对应的政府的事权与财权就应当为中央政府的；如果一项产品的受益范围为一定区域，则它应当由适合的地方政府承担。文化事业的诸多项目均属于地方受益的项目，比如文化站、文化馆、图书馆、基层书屋、基层广电接收与发射站点等，从理论上说，各级地方政府应当承担相当一部分财政负担。另外，在配置资源的分工原则上，社会服务与文化传播媒介属于地方政府配置范畴中的项目。

（2）鼓励地方政府积极建设有地方特色的文化事业项目

我国国土面积辽阔，人口和民族众多，地域特色文化基础本来就有，国家应当明确支持政府积极建设有地方特色的文化事业项目，令其百花齐放，发展最适合本地区的文化事业。这非常符合国情，也能够发挥地方财政的力量，让地方财政在建设本地文化特色产品方面有的放

---

① 谢旭人. 创新财政政策机制，推进文化发展繁荣 [J]. 财政研究，2011（12）：2.

矢，形成富有特色的文化品牌。在这方面，我国有些省份、地区已经先行一步，取得了一些成果。

（3）建立健全多级财政分担体系

从目前我国中央与各省的财政划分情况来看，本书认为比较适合建立以省级财政为资金主导、以中央和省级两级财政为决策主导、以县乡财政为资金辅助、执行上依靠本级政府的公共文化财政支出体系。这只是大的制度设想，至于具体的项目，还要分析具体情况而定。像广电网络、图书馆、博物馆、文化信息资源网络等文化事业基础设施建设，具有基础性和普遍性特征，且能够定量供给，可以以中央或省级政府为责任主体，地方财政给予配合；像城市社区的公共文化活动、农村节庆文娱活动、乡村戏曲班社、文化人才培育等文化事业项目，具有多元性和地域性特征，应该以地方政府为事权和责任主体，中央财政根据项目形式给予一定的补助或奖励。再比如，对于市、县级重大公共文化服务设施的建设，可以采取三级财政投资比例分摊，按省级承担大部分、中央和本级财政分担其余部分的办法；对于国家级重点文化工程，应当以中央拿大头以及中央和省级财政共同负担为原则；对于省级重大公共文化服务设施的建设，可以采取省级财政和地方财政按一定比例分摊的方法来承担，等等。有条件的地区，可以考虑确定把村级公共文化服务保障纳入财政预算。例如，从 2012 年起，成都市每年将为每个村（社区）综合文化活动室落实不少于 3 万元的经费，全市将落实保障资金 1 亿余元。每个村（社区）落实 1 名享受财政补贴的宣传文化辅导员，在全国率先解决基层文化专门工作人员的配备问题。①

（4）修改税收返还制度

"基数法"税收返还制度不利于基本公共服务均等化的执行，因为它的制度基础本身就建立在财政基数的不均等上，这样的财政体制政策具有"逆向调节"作用，可能加剧地区间文化投入的不均衡，所以政府可以考虑向"因素法"改变。政府应逐步减少税收返还和有条件转移支付，加大一般性转移支付比重，让财政体制回归基本公共服务均等化的

---

① 张良娟，张守帅. 成都村级公共文化服务保障纳入财政预算 [N]. 四川日报，2012-04-20.

逻辑。

（5）加强转移支付资金管理

我国目前对于地方的许多文化事业投入都是采取补助的形式，即配套转移支付形式实施，今后还会有更多的转移支付性质的投入资金用于文化事业建设。因此，加强转移支付资金的管理至关重要。政府应当利用法制手段加强转移支付资金的管理，增强其使用的规范性和透明性，将文化事业建设资金的项目选择、资金投入和运行都纳入规范监管。向社会公开资金的预算、使用情况，引入中介组织对项目进行审计，全面推行项目验收制度，实行必要的听证制度，切实提高财政资金的使用绩效。

6.3.3　进一步拓宽资金来源渠道

在财政资金有限、各项事业争相待哺的情况下，拓宽文化公益项目的资金来源渠道至关重要。

（1）非税收入用于公共文化的支出

拓宽资金来源渠道，可以增加政府非税收入用于文化公益项目的支出。这方面，我国比照一些发达国家的成功做法，已经将彩票公益金收入纳入文化事业发展的资金来源。财政部、文化部已确定，在“十二五”时期从中央彩票公益金中安排 32.5 亿元预算资金，主要用于国家艺术基金相关项目 20 亿元（2011 年已安排 2 亿元）及城市社区文化中心（文化活动室）设备购置专项资金 12.5 亿元（2011 年已安排 2.5 亿元）。[1]这是我国历史上首次利用彩票公益金安排文化项目，也算实现了零的突破。按照前财政部部长在报告中说的，“今后还会逐渐提高各级彩票公益金用于文化事业的比重”。[2]实际上，国际上许多国家将彩票收入更多地用在文化遗产保护项目和免费博物馆项目上，而将文化艺术、影视传媒等非营利性活动更多地交给社会团体，因此，可以预见，将来我国的彩票收益用于文化资金的用途，也有可能向文化遗产保护等方向转变。

①　佚名. 为文化改革发展提供强力支撑——十七大以来我国财政文化投入与管理综述 [N]. 中国文化报，2012-06-26.
②　谢旭人. 创新财政政策机制，推进文化发展繁荣 [J]. 财政研究，2011（12）：2.

（2）与国际接轨，在中国大力支持 NGO 和 NPO 等能够志愿给予公益性文化事业以人力、财力、物力支援的民间团体和组织

充分发挥民间组织和团体的力量满足社会对公益性文化服务的需求，已经是很多国家普遍采用的方法，并且取得了很好的效果。我国的文化事业存在投入主体过度依赖于财政资金的问题。实际上，财政资金的有限性阻碍了文化事业的服务提升。如果社会上有更多的 NGO 和 NPO 积极参与文化事业活动，积极兴办公益性文化事业，社会的资金和人力都动员起来，就会加快文化事业目标的达成速度。目前，我们的社会潜能还远远没有发挥出来，应该以财政投入为主，同时为社会的公益力量创造畅通的工作通道，财政可以通过政府采购、项目补贴、定向资助、捐赠配比等政策措施，鼓励社会力量参与提供公共文化产品，兴办公共文化事业。

6.3.4　设立并健全相关配套制度

建立财政投入支持文化事业发展的资金保障机制，离不开完善的法规制度作基础。良好的法律法规，一方面能够保障文化事业投入的资金来源，另一方面也能保障公民享有基本文化权益，具有经济和社会的意义。推进文化事业投入资金的立法工作，保障文化事业投入的资金来源，应当从多方面加以规范或者政策引导。比如：第一，以法律法规形式确定政府文化事业投入的稳定、刚性增长；第二，以法律法规形式确定各级政府在文化事业投入上的体制责任。如对国有资产的管理，既要完善非经营性的国有文化资产的管理体制，又要建立健全经营性的国有资产的管理体制，建立国有资本经营预算的制度，加强国有资产的管理，从而培育良好的国有资本市场主体，让有限的财政资产和财政投入资金发挥巨大的示范作用和乘数效应，提高财政支出效益；第三，制定更完善的税收优惠制度，褒奖对公益性教科文卫事业的捐赠行为；第四，对公益性组织、非政府组织的财务公开制度进行立法，令其面向全社会的财务透明程度达到相当的高度，令全社会对其财务监督的易操作性达到相当的程度，以便增加全社会对公益性捐助的信任度，从而促进我国全社会对文化事业以及其他公益事业捐助的大幅增长；第五，通过

立法，推动公共图书馆事业发展，可以解决当前我国图书馆事业发展面临的许多突出问题，这实际上是许多国家的经验做法，世界上已有 80 多个国家和地区拥有 200 多部图书馆法规。配套制度可以列举出的具体事例可以有很多，上述四点只算揭示一角。总之，相关的配套制度有很多领域可以促进文化事业的资金投入保障，有些已经被认识到，有些还需要人们广开思路，创新制度，不断完善制度体系。

6.3.5　持续与加强文化体制改革的财政支持

文化体制改革的一个重要意义在于，能够将许多原来的文化事业剥离出去，将其送入市场，令其采取另一种生存方式，生存得更好；同时，使政府的文化事业盘子缩小，保证重点，将财政资金用在真正需要作为公益性事业发展的文化事业上。我国文化体制改革之所以取得这么大的成功，一个重要的原因就是财政承担必要的改革成本，在政府支出和税收政策、财政补贴等方面，尽力支持改革的平稳推进。比如，对文化企业转制给予支持，财政在转制初期给予一定的资金支持，企业享受优惠政策，税收减免力度之大是历史上少有的。各级财政部门配合文化、广电、新闻出版等部门制订了相关系统的改革方案，中央财政帮助一批中央级文化体制改革试点单位制订了具体改革方案。对公益性文化事业单位，财政重点支持其服务条件和设施的改善，提高这些单位日常运营的财政保障水平。对体现民族特色和国家水准的重点艺术院团，财政支持的重点转到内部机制的改革上。

自"十五"时期始，在支持文化产业发展方面，我国提出了对政府鼓励的新办文化企业免征 3 年企业所得税；试点文化集团的核心企业对其成员企业 100%投资控股的，经国家税务总局批准后可合并缴纳企业所得税；文化产品出口按照国家现行税法规定享受出口退（免）税政策，减免范围涉及营业税、企业所得税、进口关税和进口环节增值税、城镇土地使用税和房产税等文化经营活动的几乎所有税种。今后一段时间，财政应当继续大力支持文化体制改革的深入。

支付必要的改革成本，继续支持文化体制改革，各级地方财政也付出很多。例如，安徽省 2010 年统筹财政资金 7 510 万元，对全省改制院团设备更新、创作演出给予补助。同时，为激发艺术表演人才创作演出的积极性，在全国率先安排专项资金 550 万元，对全省 11 位梅花奖得主实行重奖。对基础较为薄弱的演艺和广电集团，安徽省财政在妥善解决职工保障的基础上，重点加大对项目的投入，连续 5 年每年为广电集团安排贷款贴息 1 000 万元，每年补助演艺集团设备、创作和人才资金 2 000 万元。2009—2010 年补助省直五大文化产业集团的财政资金超过 2 亿元。[①]

就目前我国文化事业的体制状况来看，文化体制改革的过程还远远没有结束，尤其是广播电视事业，文化体制改革尚没有推进到实质性的阶段，作为阶段性的改革内容，它会成为未来体制改革的主要目标。同前一阶段的体制改革一样，未来的文化体制改革一定需要财政投入在很长的一段时间里给予大力的资金支持，保证改革的平稳推进。

已经确定为事业体制的出版单位需要在劳动人事、收入分配制度等内部运行机制上进行改革，建立有效的经费保障机制、完善的经营管理机制和科学的业绩考核机制，激发活力和创造力，提高服务能力和水平，使之真正能够发挥较大的公益作用，使政府在这些事业单位的财政性资金具有较高的支出效益。

---

① 皖财. 安徽构建文化建设财政保障机制 [N]. 中国财经报，2011-03-29.

参考文献

[1] 曹爱军，杨平．公共文化服务的理论与实践［M］．北京：科学出版社，2011．

[2] 曹荣湘．蒂布特模型［M］．北京：社会科学文献出版社，2004．

[3] 陈共．财政学［M］．7 版．北京：中国人民大学出版社，2012．

[4] 陈瑶．公共文化服务：制度与模式［M］．杭州：浙江大学出版社，2012．

[5] 丛树海．公共支出分析［M］．上海：上海财经大学出版社，1999．

[6] 邓子基，林致远．财政学［M］．北京：清华大学出版社，2005．

[7] 丁和根．中国传媒制度绩效研究［M］．广州：南方日报出版社，2007．

[8] 高培勇．财政学［M］．北京：中国财政经济出版社，2004．

[9] 辜晓进．美国传媒体制［M］．广州：南方日报出版社，2006．

[10] 寇铁军．中央与地方财政关系研究［M］．大连：东北财经大学出版社，1996．

[11] 寇铁军．财政学教程［M］．3 版．大连：东北财经大学出版社，2012．

[12] 林日葵．中国文化产业政策法规与典型案例分析［M］．杭州：浙江工商大学出版社，2009．

[13] 刘成付．中国广电传媒体制创新［M］．广州：南方日报出版社，2007．

[14] 刘玲玲．公共财政学［M］．北京：清华大学出版社，2000．

[15] 卢洪友．政府职能与财政体制研究［M］．北京：中国财政经济出版社，1999．

[16] 马国强. 中国税收 [M]. 3版. 大连：东北财经大学出版社，2012.

[17] 马海涛. 财政转移支付制度 [M]. 北京：中国财政经济出版社，2004.

[18] 孙开. 多级财政体制比较分析 [M]. 北京：中国经济出版社，1999.

[19] 孙开. 公共经济学 [M]. 武汉：武汉大学出版社，2007.

[20] 孙开. 公共支出管理 [M]. 大连：东北财经大学出版社，2009.

[21] 王传纶，高培勇. 当代西方财政经济理论 [M]. 北京：商务印书馆，1995.

[22] 王世伟. 城市图书馆公共文化服务体系 [M]. 上海：上海社会科学院出版社，2008.

[23] 颜士锋. 文化经济学 [M]. 济南：山东大学出版社，2011.

[24] 杨瑞明，宋利芳. 西方经济学经典名著选读 [M]. 北京：中国人民大学出版社，2005.

[25] 张维迎. 博弈论与信息经济学 [M]. 上海：上海人民出版社，2004.

[26] 左惠. 文化产品供给论——文化产业发展的经济学分析 [M]. 北京：经济科学出版社，2009.

[27] 斯密德. 财产、权力和公共选择：对法和经济学的进一步思考 [M]. 黄祖辉，等，译. 上海：上海三联书店，上海人民出版社，1999.

[28] 萨缪尔森，诺德豪斯. 经济学 [M]. 胡代光，等，译. 14版. 北京：北京经济学院出版社，1996.

[29] 史密斯. 图书出版指南 [M]. 彭松建，赵学范，译. 北京：华夏出版社，1994.

[30] 休谟. 人性论 [M]. 郑之骧，关文运，译. 北京：商务印书馆，1980.

[31] 缪勒. 公共选择理论 [M]. 韩旭，杨春学，等，译. 3版. 北京：中国社会科学出版社，2010.

[32] 麦圭根. 重新思考文化政策 [M]. 何道宽，译. 北京：中国人民大学出版社，2010.

[33] 马克思. 资本论 [M]. 曾令先，卞彬，金永，编译. 北京：人民日报出版社，2006.

[34] 马斯格雷夫. 财政理论与实践 [M]. 邓子基，邓力平，译. 5版. 北京：中国财政经济出版社，2003.

[35] 马歇尔. 经济学原理 [M]. 陈良璧，译. 北京：商务印书馆，1964.

[36] 鲍莫尔. 福利经济及国家理论 [M]. 郭家麟，郑孝齐，译. 北京：商务印书馆，1982.

[37] 斯密. 国民财富的性质和原因的研究 [M]. 郭大力，王亚南，译. 北京：商务印书馆，1974.

[38] 庇古. 福利经济学 [M]. 4版. 何玉长，丁晓钦，译. 上海：上海财经大

学出版社，2009．

[39]　米德．效率、公平与产权［M］．施仁，译．北京：北京经济学院出版社，
1992．

[40]　海尔布伦，格雷．艺术文化经济学［M］．詹正茂，等，译．2版．北京：
中国人民大学出版社，2007．

[41]　中国注册会计师协会．税法［M］．北京：经济科学出版社，2012．

[42]　地方财政研究编辑部．地方财政改革与发展研究［M］．北京：经济科学出
版社，2012．

[43]　李松森，曲卫彬．国有资产管理体制改革探索［M］．大连：东北财经大学
出版社，2010．

[44]　陈萍．文化软实力的经济学分析［D］．长春：吉林大学，2010．

[45]　刘利成．支持文化创意产业发展的财政政策研究［D］．北京：财政部财政
科学研究所，2011．

[46]　杨琼．文化视角下的中国财税制度变迁［D］．北京：中国社会科学院，
2010．

[47]　财政部"财政制度国际比较"课题组．美国财政制度［M］．北京：中国财
政经济出版社，1998．

[48]　财政部"财政制度国际比较"课题组．日本财政制度［M］．北京：中国财
政经济出版社，1998．

[49]　崔保国．中国传媒产业发展报告［M］．北京：社会科学文献出版社，2012．

[50]　国家广播电影电视总局发展研究中心．中国广播电影电视发展报告［M］．
北京：社会科学文献出版社，2011．

[51]　国家广播电影电视总局发展研究中心．中国广播电影电视发展报告［M］．
北京：社会科学文献出版社，2012．

[52]　侯惠勤，辛向阳，易定宏．中国城市基本公共服务力评价（2010—2011）
［M］．北京：社会科学文献出版社，2011．

[53]　胡惠林．中国文化产业政策文献研究综述（1999—2009）［M］．上海：上
海人民出版社，2010．

[54]　李景源，陈威．中国公共文化服务发展报告（2009）［M］．北京：社会科
学文献出版社，2009．

[55]　李文良．中国政府职能转变问题报告［M］．北京：中国发展出版社，2003．

[56]　刘世锦．中国文化遗产事业发展报告（2012）［M］．北京：社会科学文献
出版社，2012．

[57]　上海高校都市文化E-研究院．2011年全国31个省市自治区公共文化服务
指数蓝皮书［M］．北京：商务印书馆，2012．

[58]　王亚南. 中国城镇文化消费需求景气评价报告 (2012) [M]. 北京: 社会
科学文献出版社, 2012.

[59]　王亚南. 中国乡村文化消费需求景气评价报告 (2012) [M]. 北京: 社会
科学文献出版社, 2012.

[60]　新闻出版总署出版产业发展司. 中国新闻出版统计资料汇编 [M]. 北京:
中国书籍出版社, 2012.

[61]　于群, 李国新. 中国公共文化服务发展报告 (2012) [M]. 北京: 社会科
学文献出版社, 2012.

[62]　张晓明, 胡惠林, 张建刚. 2011年中国文化产业发展报告 [M]. 北京:
社会科学文献出版社, 2011.

[63]　中国税务出版社. 文化事业单位体制改革税收优惠及相关政策指引 [M].
北京: 中国税务出版社, 2011.

[64]　中华人民共和国财政部. 2012年政府收支分类科目 [M]. 北京: 中国财
政经济出版社, 2011.

[65]　国家广播电影电视总局, 中国广播电视年鉴编委会. 中国广播电视年鉴
(2011) [M]. 北京: 中国广播电视年鉴社, 2011.

[66]　宋建文. 中国民间博物馆年鉴 (2011) [M]. 北京: 中国书店, 2011.

[67]　中华人民共和国文化部. 中国文化文物统计年鉴 (2008—2012) [M]. 北
京: 国家图书馆出版社, 2008—2012.

[68]　包海波. 试析美国版权战略与版权业发展的互动 [J]. 科技与经济, 2004
(6): 46-50.

[69]　崔旭, 张晓文, 邵力军. 美国版权制度与版权产业: 发展、特征、关系
[J]. 新世纪图书馆, 2004 (1): 74-77.

[70]　杜方. 财政支持公益文化设施的现状、问题及对策 [J]. 河北大学学报
(哲学社会科学版), 2009 (3): 41-45.

[71]　杜晓燕. 美国财政政策对文化产业投融资的支持探析 [J]. 财政监督,
2011 (8): 72-73.

[72]　方堃, 姜庆志. 基本公共文化服务均等化趋势下财政投入机制研究 [J].
武陵学刊, 2012 (1): 22-32.

[73]　韩梅. 关于财政支持公共文化服务体系建设情况的调研 [J]. 行政事业资
产与财务, 2009 (5): 43-46.

[74]　韩梅. 不断加大资金投入逐步完善基础设施——济宁市财政支持公共文化
服务体系建设情况调查 [J]. 行政事业资产与财务, 2010 (8): 57-59.

[75]　何凌. 建立文物保护支出项目绩效评价体系之我见 [J]. 财政与发展,
2006 (6): 37-38.

[76] 侯大全. 公共财政视角下政府公共文化服务职能创新 [J]. 产业与科技论坛, 2011 (10): 6-7.

[77] 胡同泽, 贾利华, 谢曼. 我国居民文化消费水平分析 [J]. 商业研究, 2002 (9): 65-67.

[78] 胡颖廉. 加大政府公益性文化事业投入的对策 [J]. 中国财政, 2012 (11): 51-52.

[79] 黄瑛. 财政支持文化产业发展的实践与思考——以广西文化产业发展为例 [J]. 广西财经学院学报, 2011 (6): 15-20.

[80] 贾康, 马衍伟. 税收促进文化产业发展的理论分析与政策建议 [J]. 财政研究, 2012 (4): 2-9.

[81] 贾康. 以财政政策支持事业单位改革 [J]. 中国财政, 2012 (13): 38-39.

[82] 江光华. 公共文化服务财政投入机制初探 [J]. 科技智囊, 2011 (1): 56-63.

[83] 焦岩. 甘肃省公共文化服务体系建设的财政政策研究 [J]. 财会研究, 2012 (16): 6-8.

[84] 兰相洁, 焦琳. 文化产业财税支持政策的国际比较及启示 [J]. 中国财政, 2012 (15): 76-78.

[85] 李丹. 浅析韩国文化产业发展带来的经济效益及非经济效益 [J]. 长沙铁道学院学报 (社会科学版), 2012 (6): 40-41.

[86] 李琨. 推进文化体制改革相关税收政策的思考 [J]. 中国财政, 2012 (6): 49-50.

[87] 李艳芝, 冉鹏, 范国忠. 动漫掘金无锡路 [J]. 中国财政, 2012 (18): 39-40.

[88] 林君伦. 促进宁波市文化建设的财政政策工具选择 [J]. 宁波党校学报, 2007 (1): 73-76.

[89] 凌金铸. 版权与美国文化产业 [J]. 皖西学院学报, 2005 (6): 59-62.

[90] 刘伯雅. 论新经济增长理论及其对现实经济的启示 [J]. 商业时代, 2008 (7): 4-5.

[91] 刘慧晶, 陶萍. 基于韩国文化产业的发展视角发展我国文化产业 [J]. 商业经济, 2011 (2): 86-87.

[92] 刘祥国. 美国版权制度与版权经济的经验借鉴 [J]. 法制与社会, 2010 (11): 94-95.

[93] 柳光强. 完善促进文化产业发展的财税政策研究 [J]. 财政研究, 2012 (2): 16-18.

[94] 罗仲尤, 张清平, 沈淑娟. 我国文化创意产业规模化发展的资金瓶颈问题

研究 [J]. 湖南大学学报（社会科学版），2010 (6)：152-155.

[95] 吕怀涛. 关于"文化财政"的体制性需求和框架构建的初步论证 [J]. 时代金融，2010 (12)：52-55.

[96] 吕志胜. 公共财政投入与文化产业增长：影响与对策建议 [J]. 财政研究，2012 (10)：36-39.

[97] 马海涛，程岚. 完善财政政策，促进公共文化服务体系建设 [J]. 中国财政，2009 (23)：41-43.

[98] 马衍伟. 税收政策促进文化产业发展的国际比较 [J]. 涉外税务，2008 (9)：34-38.

[99] 毛玮. 构建城乡一体的公共文化服务体系 [J]. 中国财政，2012 (14)：62-63.

[100] 邱冠华. 图书馆事业发展的又一次重大机遇——十七大报告中"完善公共财政体系"与"覆盖全社会的公共文化服务体系基本建立"的解读 [J]. 图书馆建设，2007 (6)：6-7.

[101] 宋魁，郝剑锋. 文化对韩国经济发展的影响 [J]. 学习与探索，2005 (6)：197-200.

[102] 睢党臣，李盼，师贞茹. 完善公共文化服务体系的财政政策研究 [J]. 上海管理科学，2012 (6)：100-103.

[103] 佟贺丰. 英国文化创意产业发展概况及其启示 [J]. 科技与管理，2005 (1)：30-32.

[104] 涂斌. 公共文化服务体系财政投入：规模、结构与效率——一个理论研究综述 [J]. 当代经济，2011 (12)：86-87.

[105] 王德高，陈思霞，卢盛峰. 促进中国文化产业发展的财政政策探析 [J]. 学习与实践，2011 (6)：105-111.

[106] 王德高，卢方. 当今中国文化产业发展的财政支持路径探究 [J]. 财政监督，2011 (19)：11-15.

[107] 王广深，王金秀. 我国文化事业财政支出结构的优化分析 [J]. 华东经济管理，2008 (5)：48-51.

[108] 王家新. 构建财政支持文化产业发展的新格局 [J]. 中国财政，2012 (9)：25-27.

[109] 王立凤，郑一萍. 基于经济学视野的文化产品与文化资源论 [J]. 海南大学学报：人文社会科学版，2007 (6)：268-272.

[110] 王瑞涵. 农村公共文化服务体系建设：财政责任与经费保障机制 [J]. 地方财政研究，2010 (8)：46-52.

[111] 魏鹏举. 文化事业的财政资助研究 [J]. 当代财经，2005 (7)：43-48.

[112] 魏鹏举. 公共财政扶持文化产业的合理性及政策选择 [J]. 中国行政管理, 2009 (5): 45-47.

[113] 邬家峰, 吴理财. 激活内生动力破解"小财政大服务"困局——黄石市公共文化服务体系建设的调查与思考 [J]. 学习月刊, 2012 (1): 36-37.

[114] 吴江. 文化产业财政支持模式的国际经验借鉴 [J]. 山西财政税务专科学校学报, 2009 (6): 51-55.

[115] 肖曾艳, 张仁枫. 中央政府意愿、财政能力与文化发展政策选择 [J]. 当代经济管理, 2012 (9): 77-81.

[116] 邢国辉. 发挥财政职能作用, 推进文化强省建设 [J]. 中国财政, 2003 (6): 32-33.

[117] 杨京钟. 日本文化产业财政政策对中国的启示 [J]. 郑州航空工业管理学院学报, 2003 (6): 35-38.

[118] 杨嵘. 加快甘肃文化发展的财政政策思考 [J]. 中国财政, 2012 (20): 73-74.

[119] 姚德权, 曹海毅. 新闻出版业融资模式: 国际比较与现实选择 [J]. 湖南财经高等专科学校学报, 2005 (12): 56-64.

[120] 姚军. 对文物保护资金投入的思考 [J]. 行政事业资产与财务, 2008 (3): 29-31.

[121] 叶菊华. 促进文化内需的几点财政对策 [J]. 当代经济管理, 2011 (10): 79-81.

[122] 张皓. 支持文化体制改革和文化产业发展的财税政策分析 [J]. 税务研究, 2010 (7): 34-36.

[123] 张慧娟. 无为而治的背后: 解读美国政府在其文化产业发展中的作用 [J]. 生产力研究, 2007 (15): 88-90.

[124] 张建欣. 促进我国公共文化服务体系发展的财政政策研究 [J]. 当代经济, 2010 (8): 110-111.

[125] 张蕊. 推动文化繁荣发展, 建设文明幸福之城 [J]. 中国财政, 2012 (2): 33-35.

[126] 张少春. 贯彻落实六中全会精神, 支持文化大发展大繁荣 [J]. 中国财政, 2012 (7): 11-12.

[127] 张少春. 公共财政与文化体制改革 [J]. 求是, 2007 (11): 49-51.

[128] 张弦. 浅析公共文化财政对公共文化服务的投入及改进 [J]. 华中师范大学研究生学报, 2012 (6): 10-12.

[129] 翟建雄. 法国公共财政对文化事业投入情况分析 [J]. 地方财政研究, 2012 (1): 20-26.

[130] 赵路. 构建公共文化服务财政保障机制，满足人民群众基本文化需求 [J]. 中国财政，2008 (21)：12-15.

[131] 赵文海. 完善政策措施，推动文化发展 [J]. 中国财政，2012 (2)：26-28.

[132] 左惠. 文化产品的外部性特征剖析 [J]. 生产力研究，2009 (7)：22-24.

[133] 郎楷淳. 韩国经济与文化的奇迹 [N]. 世纪潮经理日报，2002-06-17.

[134] 李忠峰. 今年财政支持文化发展重点明确 [N]. 中国财经报，2003-02-23.

[135] 梁建生. 应对公共开支削减，法国文化建设力争"减钱不减效" [N]. 中国文化报，2012-10-25.

[136] 罗建国. 创新公共文化财政支撑机制 [N]. 安徽日报，2011-02-08.

[137] 王列生. 芬兰文化财政政策解读 [N]. 中国文化报，2011-09-01.

[138] 杨越岷，陆东利. 财政给力　文化出彩——浙江嘉善县财政支持"文化强县"建设纪实 [N]. 中国财经报，2012-03-31.

[139] 张良娟，张守帅. 成都村级公共文化服务保障纳入财政预算 [N]. 四川日报，2012-04-20.

[140] 张少春. 建立中央地方财政共担的经费保障机制，不断提升公共文化服务能力和水平 [N]. 中国文化报，2011-02-19.

[141] 朱宝琛. 构建文化事业发展财政保障长效机制 [N]. 证券日报，2011-10-24.

[142] BECKER G S. The economic approach to human behavior [M]. Chicago：Chicago University Press，1976.

[143] BECKER G S. Accounting for tastes [M]. Cambridge，MA：Harvard University Press，1996.

[144] BLAUG M. The economics of the arts [M]. London：Martin Robertson，1976.

[145] BRUNO F S. Not just for the money：an economic theory of personal motivation [M]. London：Edward Elgar Publishing，1997.

[146] BRUNO F S. Arts and economics analysis and cultural policy [M]. Berlin：Springer-Verlag，2000.

[147] BRUNO F S，POMMEREHNE W W. Muses and markets：explorations in the economics of the arts [M]. Oxford：Basil Blackwell，1990.

[148] CAVES R. Creative industies：contracts between art and commerce [M]. Cambridge，MA：Harvard University Press，2000.

[149] COWEN T. In praise of commercial culture [M]. Cambridge，MA：

Harvard University Press, 1998.

[150] GARRETT H. Tragedy of the commons [M]. Betascript Publishers, 2009.

[151] MCKENZIE R B, TULLOCK G. The new world of economics [M]. Homewood, IL: Richard Irwin, 1975.

[152] PEACOCK A T. The composer in the market place [M]. London: Faber Music Ltd, 1975.

[153] PEACOCK A T, RIZZO T. Cultural economics and cultural politics [M]. Dordrecht: Kluwer Academic Publishers, 1994.

[154] HAGAN J W. The state and the arts: an analysis of key economic policy issues in Europe and the United States [M]. London: Edward Elgar Publishing, 1998.

[155] JAMES H, GRAY C M. The economics of art and culture [M]. Cambridge: Cambridge University Press, 2001.

[156] THROSBY D C. Economics and culture [M]. Cambridge: Cambridge University Press, 2001.

[157] THROSBY D C, GLENN A W. The economics of the performing arts [M]. London: Edward Arnold, 1979.

[158] TOWSE R. Cultural economics: the arts, the heritage and the media industries [M]. London: Edward Elgar Publishing, 1997.

[159] TOWSE R. Creativity incentive and reward: an economic analysis of copyright and culture in the information age [M]. London: Edward Elgar Publishing, 2001.

[160] TOWSE R. A handbook of cultural economics [M]. London: Edward Elgar Publishing, 2011.

[161] WILLIAM G. D. Pricing the priceless: art, artists and economics [M]. New York: Basic Books, 1989.

[162] WILLIAMS J. Research in the arts and cultural industries: towards new policy alliances [R]. Paris: UNESCO, 2001.

[163] WILLIAM J B, WILLIAM G B. Performing Arts: The Economic Dilemma [M]. NewYork: Twentieth Century Fund, 1966.

[164] AKERLOF G A. The market for "lemons": quality uncertainty and the market mechanism [J]. The Quarterly Journal of Economics, 1970 (84): 488-500.

[165] AMABILE T M. Effects of external evaluation on artistic creativity [J].

Journal of Personality and Social Psychology, 1979 (37): 221-233.

[166] AMABILE T M. Motivation and creativity: effects of motivation orientation of creative writers [J]. Journal of Personality and Social Psychology, 1985 (48): 313-399.

[167] BUCHANAN J M. An economic theory of clubs [J]. Economica, 1965 (32): 1-14.

[168] GARCIA M I. The economic dimension of the culture and leisure industry in Spain: national, sectoral and regional analysis [J]. Journal of Cultural Economics, 2003 (27): 9-30.

[169] HANSMANN H B. Nonprofit enterprise in the performing arts [J]. Rand Journal of Economics, 1981 (12): 341-361.

[170] HESMONDHALGH D. The cultural industries and cultural policy [J]. The International Journal of Cultural Policy, 2005 (11): 1-13.

[171] HJORTH- ANDERSEN C. A model of the Danish book market [J]. Journal of Cultural Economics, 2000 (24): 27-43.

[172] HUTTER M. The impact of cultural economics on economic theory [J]. Journal of Cultural Economics, 1996 (20): 263-268.

[173] KENNETH J A. Uncertainty and the welfare economics of medical care [J]. The American Economic Review, 1963 (53): 941-973.

[174] MATHESON H. A culture of creativity: design education and the creative industries [J]. The Journal of Management Development, 2006 (25): 55-64.

[175] ORMEROD H. Social network markets: a new definition of the creative industries [J]. Cultural Economy, 2008 (32): 167-185.

[176] PAPANDREA F. Willingness to pay for domestic television programming [J]. Journal of Cultural Economics, 1999 (23): 149-166.

[177] PEACOCK A T. Welfare economics and public subsidies to the arts [J]. Manchester School of Economics and Social Studies, 1969 (4): 323-335.

[178] STIGLITZ J E. Economics of the Public Sector [M]. New York: W. W. Norton & Company, 2000.

[179] Szenberg M. The structure of the American publishing industry [J]. Journal of Cultural Economics, 1994 (18): 313-322.

[180] TOWNLEY B. Managing in the creative industries: managing the motley crew [J]. Human Relations, 2009 (62): 939-962.

[181] TOWSE R. Alan Peacock and cultural economics [J]. The Economic Journal, 2005 (115): 262-276.

[182] WILLIAM J B, BAUMOL H. On the economics of musical composition in Mozart's Vienna [J]. Journal of Cultural Economics, 1994 (18): 171-198.

索引

后记

经过一段时间的酝酿和修改，本书终于出版了。在这一过程中，本人得到了来自各方的帮助，在此表示衷心感谢。感谢寇铁军教授的教诲与关爱，他以其博学、睿智与达观，令我受益匪浅。感谢孙开教授、刘明惠教授、吕炜教授等众多师长和同仁们的批评与建议，感谢众多朋友们的无私帮助，也感谢家人对我的支持与鼓励。感谢那些素未谋面的文献作者们，感谢所有曾经帮助过我、使我的写作过程能够顺利推进的人们。

在广袤的学术领域中，智者与成者众多，一如眼前灿烂的星空，我只是无名且少光的那颗。然置身其中仍感欣喜，因能吸取学养、获取智慧。此书水平有限，留待众人斧正，衷心欢迎，不胜感激。

赵 颖

2016 年 5 月于大连